私たちの近現代史

女性とマイノリティの100年

村山由佳 Murayama Yuka
朴慶南 Park Kyung Nam

a pilot of wisdom

はじめに

村山由佳

『愛の不時着』という韓流ドラマが大ヒットしたとき、あまのじゃくな私はなかなか観《み》ようとしませんでした。尊敬する先輩作家や信頼する編集者たちがこぞってイイ、イイとすすめてくるので半ば仕方なしに観た結果、見事にハマってしまったのが、確か配信から1年後くらいだったでしょうか。

韓国の財閥令嬢がパラグライダーで飛行中に竜巻に遭い、山を越え軍事境界線を越えて北朝鮮へ不時着する。彼女を発見したのは二国間の非武装地帯を警備していた中隊長で、やがて二人は、結ばれることなど絶望的な恋へと身を投じてゆく……。もっと早く観なかったことを後悔したくらい素晴らしいドラマでしたし、だからこそ世界的にヒットしたのでしょうけれど、そのときふっと思いました。愛し合う二人の間を残酷に引き裂く38度線――あの「国境」が、実は第二次世界大戦で敗戦国となった日本のいわば身代わりのような形で引かれたものだったことを、今ドラマに熱狂する視聴者のうちどれだけの人が知っているのだろうか、と。

かつて、朝鮮半島は日本の領土ということにされていました。ですからあの戦争のときも、朝鮮の人たちは〈日本の〉兵隊として駆り出されて戦ったわけです。しかし結果として日本が負けたため、〈日本の領土である〉朝鮮半島には武装解除の名目で北からソ連が、南からアメリカが入り込み、38度線を境に二分割、それゆえ北は社会主義国家、南は自由主義国家となりました。歴史に「もしも」はない、と言いますが、私はどうしてもその「もし」を考えずにはいられません。何か一つでも事情が違っていたなら、朝鮮半島ではなく日本の本土が、大阪か名古屋あたりで分断されていたかもしれないのです。このことについては対談でも踏み込んで触れています。いずれにせよ、それらの歴史的経緯を踏まえれば、日本で生まれ育った在日の人々に対して、私たち日本人が「イヤなら国へ帰れ」などと口にすることがどれだけ愚かであり的はずれであるか分かっていただけると思います。

数年前に私は、伊藤野枝《のえ》の評伝小説『風よ　あらしよ』を書きました。今から100年以上前に生まれた野枝は、あの時代にしてはあり得ないくらい自由に生きた女性でした。

正確に言うと、自由に生きるために全力で闘い抜いた女性でした。

　福岡の貧しい海辺の村に生まれ、学びたい一心で上京。親の決めた結婚を蹴飛ばして出奔、まず女学校の恩師だった辻潤《つじじゅん》との間に二人の子を、続いて無政府主義者として有名な大杉栄《さかえ》との間に5人の子をなし、一方で平塚らいてうから雑誌『青鞜《せいとう》』を引き継ぎ、自身は婦人解放運動家として活躍したものの、大正12年9月、関東大震災後のどさくさ紛れに、憲兵大尉・甘粕正彦《あまかすまさひこ》によって大杉とその幼い甥《おい》とともに虐殺されます。28年という短すぎる生涯でした。

　大震災の直後、野枝や大杉と同じ無政府主義者・社会主義者たちが大勢検束され殺されたこと、それよりはるかにたくさんの５０００人とも６０００人とも言われる朝鮮人が市井の日本人の手で殺害されたこと、警察や政府が人々の暴動を止めるどころか煽《あお》ってさえいたこと……。このあたりの背景についても対談の中でじっくり解きほぐしていきますが、それにつけてもつくづく嘆かわしいのは、１００年前と今とを比べて、この国が正しい方向へ変わったようには見えないことです。

　災害や事件が起こるたびに性懲りもなくデマが飛び交い、政府は過去から学ばず、人々はいがみ合い、特定の誰かを傷つけるヘイトスピーチが蔓延《まんえん》する。ＳＮＳが普及したせいで、その規模拡大やスピードはもはや手がつけられないほどです。

さらに、多くの日本人は今やすっかり牙を抜かれ、国からどんな無理難題を押しつけられても諦めきっているように見えます。希望を持てない世の中で自分を保つためには冷笑というポーズが一番楽なのでしょうか、何をしても世界は変わらないとばかりに、安全圏からポチポチと文字を打つだけで相手をやり込めたつもりになって悦に入る……。伊藤野枝がよみがえって今のこの国を目にしたなら、地団駄を踏んで怒り狂うのではないでしょうか。

『風よ　あらしよ』を書き上げてからというもの、世界はともかく、少なくとも私自身は大きく変わりました。おかしいと分かっていながら沈黙することを、卑怯《ひきょう》だと思うようになりました。社会や政治と関わろうとすると煩わしさは増すけれど、そのぶん人生への愛《いと》しさも深まるものだと知りました。

女性というだけで生きづらい時代は、決して過去のものではありません。そしてそれはさまざまな立場にあるマイノリティにとっても同じです。現状を変えたいと願うなら、まずは自分が一歩を踏み出すこと――伊藤野枝という一人の女性の、短くも激しく濃密な生きざまは、私たちにその〈一歩〉の大切さを問い直してくれているように思います。

今回、私を対談相手に指名してくださった朴慶南《パクキヨンナム》さんの著書『私たちは幸せになるために生まれてきた』の中に、お父さんの里帰りについて綴《つづ》ったエッセイがあります。

朝鮮半島が日本の占領下にあった頃、貧しくて食べていけなくなった一家はおじいさんを追いかけて日本へ渡り、まだ幼かったお父さんは口減らしのために奉公に出されるなどして成長します。戦後、やがて慶南さんが生まれ、おじいさんはすでに敗戦により分断されてしまった「北朝鮮」へ帰ろうとするのですが、長男であるお父さんは娘である慶南さんの将来を考えたのでしょうか、はじめて親に背きます。このとき、代わりに祖父について北朝鮮へ帰って行ったのが、お父さんのたった一人生き残った弟でした。だからお父さんはずっと、決して国籍を韓国に変えようとせず、贅沢《ぜいたく》もしなかった。自分が国籍を変えれば北朝鮮にいる弟家族がひどい目に遭うかもしれないし、彼らの暮らしを思うと日本にいる自分が贅沢をするわけにはいかない、と言い続けていたそうです。

ずっと後になって、ようやく墓参りのため慶南さんとともに祖国を訪ねることが叶《かな》ったとき、お父さんは用意してきた飴玉《あめだま》を懐かしいふるさとの川へと投げ入れて、あまりの貧しさと飢えのため幼くして亡くなったかわいい弟たちを偲《しの》びました。厳しく恐ろしいばかりの存在だったお父さんのその時の姿を、慶南さんはこんなふうに書いています。

「ごめんな。いまやっとヒョン（注・お兄ちゃん）がおまえたちにアメをあげられる。こんなにも、ここに来るのが遅かったヒョンをゆるしてくれ」（中略）

その弟たちへと、父の思いのたけが込められた赤や青、緑や黄色の色とりどりのアメが、きらめきながら川の底に沈んでいきました。

父は川岸にしゃがみこむと、声をふるわせながら泣いていました。背中からも怖さが伝わってくる父ですが、その後ろ姿は小さな少年のようでした。

この文章を読んだとき、私は我知らず嗚咽《おえつ》をもらしていました。お父さんの言葉にならない後悔、嘆き、恨み、安堵《あんど》、そしてまたこみ上げる後悔……そうした感情の渦にこちらまで巻き込まれ、とても平静ではいられなかった。38度線の歴史を、意味を、その残酷さを、単なる知識としてではなく他人事でもなく、自分のこととして引き寄せて受け止めた瞬間でした。慶南さんによって綴られた、ごく個人的な、でも普遍的な〈物語〉を通して、ようやくその実感を身体《からだ》に染み込ませることができたのです。

自分だったらどうだろう、どうするだろう……と、常に我が身に置き換えて想像してみること。そのうえで、お互いの文化や考え方の違いまでも含めて、理解し合おうと努めること。そうした想像力こそ、人間にとって最も大切なものなのではないでしょうか。物語や対話は、そのための手がかりの一つとして、在る。

慶南さんは古くからの友人ですが、一つの大きなテーマをめぐってこんなに深く長く対話したのははじめてのことでした。属する民族は違っても、同じ女性同士、いえ人間同士、言葉を尽くして分かり合えないことなどないはずです。仕事の間隙を縫って幾度も顔を合わせ、お互いへの想像力を最大限に駆使して、時には涙したり、怒りに震えたり、あるいは希望に胸を熱くしたりしながら、あの大震災から100年経《た》った今だからこそ考えるべきことを真摯に語り合いました。

まだまだ語り足りないところもありますが、これからその記録を目にしてくださるみなさんにも、すぐそばで聴いているように心を重ねていただけたらうれしいです。もしかしたらこうだったかもしれない過去や、もしかするとこう在れるかもしれない未来について、思いを馳《は》せるための一助になりますようにと、心から祈ります。

目次

第2章　虐殺はなぜ起こったか

――隠された歴史の解明と希望をつなぐ人――

「人間が一番怖い」と言った父／殺戮を可能にする戦場と同じ精神構造／殺したくてしょうがないという集団心理／大虐殺と言っていいほどの様相／日本人であることの恥辱／人間が嫌になることがある／流言飛語情報を操作する側にいた正力松太郎／メディアと政治と警察の責任

姜徳相による虐殺のメカニズム解明／暴力が支配する戒厳令という措置／朝鮮人なら殺してもいいという時代があった／なぜ一般人が虐殺に手を染めたのか／差別するがゆえの恐怖／朝鮮人への差別意識は明治以後／官製弾圧が民間の排外主義を焚きつけた／殺された後にも差別があった／虐殺の事実を認めようとしない人々／追悼文を出さない小池都知事／歴史を改竄する暴力的な力／大川常吉さんは朝鮮人を守った／「何人であろうと、人の命に変わりはない」／流言飛語と群衆の興奮に迎合しない勇気／歴史認識こそが人と人をつなぐ

構成／倉重篤郎

序章　女性とマイノリティの近現代史へ

――2人の出会い、そして語りたいこと

虐殺された伊藤野枝と大杉栄を描く

朴　私の家の本棚には村山由佳さんの本が並んでいます。絵本や童話から、旅の紀行文、日常を描いたエッセイ集や、そして多様な小説。どの一冊をとっても、その筆力と文章の巧みさに引き寄せられて、どこからこんなにも豊かな才能がわき上がってくるのだろうかと、読むたびに思ってきました。

受賞歴の一端を紹介すると、2003年に『星々の舟』で直木賞、2009年『ダブル・ファンタジー』で中央公論文芸賞、島清恋愛文学賞、柴田錬三郎賞をトリプル受賞、2021年には『風よ　あらしよ』で吉川英治文学賞受賞でしたよね。

由佳さんは恋愛小説の第一人者と言われ、若い人たちにも人気がありますが、最近は過労死をテーマにした社会派の作品や、近現代史の中の人間を描くことにも挑戦されていきます。

一方、私は朝鮮半島をルーツに持つ在日コリアンの作家、エッセイストとして、在日の立場から見える日本の社会や、伝えたい歴史、貴重な数々の出会いを文章にしてきました。

そういう執筆活動とともに、命と人権の大切さをテーマにした講演会にも力を入れていま す。特に学校を多く回っていますが、30年間、毎年通っている高校もあって、これからも 若い世代にメッセージを届けたいと思っています。

前ふりが長くなりましたが、この2人がなぜ知り合い、こういう形で対談をすることになったのか、それから始めましょうか。

村山 私が記憶しているのは、集英社の文学賞のパーティだったと思いますが、そこで慶南さんから手紙を渡されたんですよ。俳優の滝田栄《さかえ》さんの奥様の妙子さんからのものでした。

朴 最初の出会いはそうでしたね。今から二十数年前になるのかな。私は滝田栄さん、妙子さんご夫婦と親しくさせていただいているんですが、妙子さんが由佳さんの本の愛読者だったんです。滝田栄さんは当時、ミュージカルに出演される傍ら、仏師のように仏像を彫り続けていらっしゃいました。妙子さんはバレエのプリマドンナだった、とても素敵な方です。その妙子さんから「慶南さん、もし村山由佳さんに会う機会があれば、ぜひ渡してもらえますか」とお手紙を託されたんです。ファンレターですね。

村山 その節はありがとうございました。とても素敵なお手紙でした。

朴　由佳さんが直木賞を受賞されるより、ずっと前のことでしたよね。

村山　だいぶ前でした。

朴　滝田栄さんが帝国劇場で、『レ・ミゼラブル』の主役、ジャン・ヴァルジャンを演じられているときにも一緒に観に行きました。

村山　そうでしたね。慶南さんがいきなり客席の通路で転んで、大丈夫、大丈夫ってちっとも大丈夫じゃないのに繰り返してらしたのを覚えています（笑）。

朴　そのあたりから、どういうわけか急速に親しくなったんですよね。

村山　一緒に滝田さんの家に連れて行っていただき、ご飯を食べたり、仏像を見せていただいたのを思い出します。ご夫婦で我が家にもいらしていただいたり。滝田さんは、仏教の研究や講演活動もしてらっしゃいましたね。

朴　そうです。仏像を彫るだけではなく、仏教についても研究されて、大変、造詣が深いです。２年間、インドで坐禅をされていたとも聞きました。

かなり前になりますが、私も由佳さんのおうちに、二度ほどお邪魔したことがありましたね。最初のお連れ合いと千葉県の鴨川に住んでらしたときに。当時は農作業もしていましたよね。

村山　最初の連れ合いは、『週刊金曜日』を毎週購読する人で、佐高信《さたかまこと》さんのファンでした。慶南さんの紹介で、佐高さんの講演も聞かせてもらいました。

慶南さんは、２人目の夫との結婚式にも来てくれましたね。３人目となった今の夫もパーティ会場でご紹介したし。もう、全員ご存じ（笑）。

朴　京都の上賀茂神社での結婚式でした。振り返ると、由佳さんとは長く深いお付き合いをさせてもらってきたけれど、こういう形で仕事をするのは、はじめてですよね。ありがたく、うれしいです。

村山　それを言うなら私の方こそ。お声がけいただいてびっくりするやらうれしいやらでした。

朴　なぜ、由佳さんとこういう対談の場を持たせてもらったかと言うと、それは、由佳さんの『風よ　あらしよ』を拝読させてもらったからです。大正時代の婦人解放運動家であり、アナキストであった伊藤野枝の生涯を描いた伝記的小説ですよね。野枝の息づかいまで伝わってくる作品でした。野枝は、最後は夫の大杉栄とともに憲兵隊によって虐殺されます。関東大震災がその背景にありました。

村山　なぜ書いたかは、後でじっくり話させていただきますが、私にとっては、これまでとは違う分野に相当思い切ってチャレンジした作品でした。

差別と抑圧という観点からの近現代史

朴　ドキドキしながら読みました。由佳さんの作品だし、私にとって他人ごとではなかったからです。あの地震では、国家権力による無政府主義者の虐殺という「甘粕事件」、社会主義者たちを弾圧、処刑した「亀戸《かめいど》事件」がありましたが、自警団という、軍隊でも警察でもない普通の日本人たちが中心になって、6000人を超えるともされる朝鮮人を殺害する事件があったからです。

村山　『風よ　あらしよ』を書くとき、私も時代背景として改めて勉強しました。凄《すさ》まじかった。

朴　私の祖父もまた、浅草で自警団に殺されかけた一人だったんです。私自身が危険な目に遭ったわけではないですが、間接的にその恐怖が染みついているような気がします。在日として日本で生を享《う》けた私にとって、この歴史を決して見過ごすわけにはいかないですよね。自分なりに、当時の朝鮮人たちの被害状況を調べてきました。

なぜ、普通の人間が同じ人間に対し、かくもむごいことができたのか。その背景には何があるのか。単に民族差別ということだけで説明できるものなのか。それは過去の話にすぎないのか。そんなことを考え続けてきました。

同時に、日本の警察組織の中で、朝鮮人保護に尽力してくれた人がいたことも知りました。後で改めて話したいと思いますが、神奈川県の鶴見警察署の大川常吉《つねきち》署長がその一人でした。

村山　大川さんについては、慶南さんの本ではじめて知ったんです。

朴　2023年は関東大震災、そしてあの忌まわしき弾圧、虐殺事件からちょうど100年目の歴史的な節目でしたよね。あのとき何が起きて、それがどう振り返られてきたのか。その惨禍を、同じ表現者として追いかけてきた者同士で、由佳さんと語り合えたらという気持ちがあります。

村山　私としても願ってもない機会です。

朴　この100年で何がどう変わったのか、変わっていないのかも意見を交わしてみたい。日本の政治のありようや差別の実態を見ていると、あの悲劇から本当に教訓を汲《く》んでいるのか、疑問に思えてならないんですね。

当時の差別と排除の濁流は、今の時代へとそのままつながっているのではないか。そういう懸念が年を追って強まるばかりです。この機会に、関東大震災における虐殺事件を起点にして、現在の岸田文雄政権による軍拡路線に至る日本の近現代史を、女性とマイノリティ、差別と抑圧という観点から語り直してみたいんです。由佳さん、お付き合い願えますか。

村山　喜んで。私も申し上げたいこと、慶南さんに訊《き》きたいことがいっぱいあります。よろしくお願いします。

第1章　朝鮮人虐殺の事実に分け入る

足元が崩れ落ちるような恐怖を感じた

朴　由佳さんが、関東大震災で大勢の朝鮮人が虐殺されたという史実を知ったのはいつですか？　教科書からですか？

村山　子ども心に、そんなひどいことがあったんだ、みたいな形で知ったのは、教科書だったか、もしかしたら漫画だったかもしれません。

朴　私は高校生のときに読んだ、関東大震災について記された本からです。地震が起きて戒厳令が敷かれ、朝鮮人が井戸に毒を入れた、暴動を起こしたという流言飛語が飛び交い、その流言飛語を真に受けた人々によって、多くの朝鮮人がむごく殺された。その数は6000人を超すとも言われていると書かれてあり、心が凍りつくようでした。

村山　私にとっても、それを知ったことは、衝撃と言っていい体験でした。自分と変わらない、普段は善良なはずの人たちがそういうことをしたというのが信じられませんでした。

朴　私が一番衝撃を受けたのは、一般の人たちが虐殺に加わったということです。自警団が組織され、竹やりや出刃包丁、匕首《あいくち》、日本刀などを手に朝鮮人狩りをし、朝鮮人と見るや殺していったという事実を知り、それこそ足元が崩れ落ちるような恐怖を覚えました。

村山　自警団というのは、大災害や戦争時に地域共同体を自衛するために結成された、言ってみれば民間ボランティア組織ですよね。一種の防犯組織のようなもので、上意下達の軍隊とは違うはずです。

朴　そうですよね。軍隊や警察も朝鮮人を殺しましたが、上からの命令で動いたのでしょう。一方で、普通の人たちは誰かに命令されたわけじゃないのに、さっきまで隣に住んでいたかもしれない人を、ただ朝鮮人というだけで殺したんだ。そう思ったとき、もしも何か大変な状況が生まれて「朝鮮人を殺せ」なんていう流れになったら、朝鮮人の私は、隣近所のおじさんやお兄さんに殺されるかもしれないと感じたんです。そのとき抱いた恐怖は、いまだに忘れられません。

村山　お察しします……とは軽々しく言えませんね。その恐怖や痛覚は、私には想像しきれないものだろうと思います。

朴　またこんなことも思いました。私には親しい友だちがいるけど、もし私が「朝鮮人を殺せ」って追いかけられたら、日本人のその友だちは私を守ってくれるだろうか、匿《かくま》ってくれるだろうか、そのときにならないと本当の友情は分からないと。

村山　根本的な人間不信になってしまいますね。

朴　同時に自分にも、こう問いかけてみます。逆に、友だちが同じように危険な目に遭ったとき、私は助けてあげられるかどうか。

村山　それについては、答えようがないほど身につまされる。

朴　関東大震災についての話はこの後も続けたいと思いますが、少し横道に逸《そ》れてもいいですか。

村山　いいですよ。お願いします。

朴　私の学生時代の話です。特に男性に対してですが、私が危険な状態に陥ったとき、この人は私を助けてくれるかどうかという目で見るようになった、こんな出来事がありました。

京都の大学に通っていた頃、遅くなったので同じサークルにいた同学年の男子学生が送ってくれたんです。鴨川のほとりを歩いていたとき、その彼から告白されました。

村山　一転していきなり、そんなプライベートな恋愛話を（笑）。

朴　いや、甘い恋愛話ではないんですよ。そこで、私はどう返事をしたらいいか思案していたら、突然、見るからに乱暴そうな6～7人の男たちに囲まれてしまったんです。

その男たちの中から「やっちまえ」という声がして、私は草むらに押し倒されました。こういうとき、ドラマなら「君は逃げて」とか言って、告白したばかりの彼が殴られながら私を守ってくれるはずですが、そうはなりませんでした。彼は、突然の出来事に身がすくんでいたのかもしれないですね。ともかく私は助けてもらえなかったんです。

逃げようにも逃げられなかった慰安婦たち

村山　ええっ!?　ひどいな、でもありがちと言えばありがち。それから、どうなったんですか。

朴　この話は、以前、私が月刊誌の『世界』に連載をしていたときに書いたことがあります。

村山　うんうん、それで？

朴　前編、後編と二度にわたって書いたのですが、前編は、私が草むらで押し倒されたところまででした。そうしたら、それを『世界』で読んだという随筆家の岡部伊都子《いつこ》さんから、「慶南さん、この後どうなったの。もう心配でしょうがない」と案じるお手紙が来ました。ハラハラさせてしまったんですね。

村山　今の私も同じ心境です。

朴　私はどうしてもこの場を切り抜けたい、決してあきらめないと強く思って、次の行動に出ました。それまで一度も啖呵《たんか》を切るというようなことをしたことはなかったんですが、瞬時に思いついて、このときそれをやったんです。

　パッと上体を起こすのと同時に、ものすごい勢いで男たちに向かって啖呵を切りました。「私を誰だと思ってるの。私は、あそこの警察の署長の娘なんだから！」って。本当は鳥取の鉄くず屋の娘の私が、咄嗟《とっさ》に思いついた知恵ですね。その言葉に男たちがひるんだ隙に、猛スピードで走って逃げました。

村山　それは……並のドラマよりすごい。

朴　後日談まであるんです。その後、彼は人が変わったような荒《すさ》んだ生活をしているという噂《うわさ》を聞いたんですね。私を助けなかったことが原因の一つとは限らないにしても、ずっと気にかかっていました。すると、しばらくして京都市内の路地裏でばったり出くわしたんです。願ってもない偶然でした。

　立ち去ろうとする彼を追いかけて下宿まで行き、そのまま朝まで延々と話し込みました。

それが通じたのか、彼はほどなくして大学とサークルに戻ってきました。

村山　その彼のことまでフォローされたんですね。なんて面倒見のいい。

朴　大事な仲間という思いがあったからですね。捨てておけないというか。

そして連載の後編には、本題として私が伝えたかったことを書きました。かつて戦争中に日本軍慰安婦にされた女性たちのことです。何をどうやっても逃げられない、どんな知恵も通用しない、そういう境遇がどれほどむごいことかを証言も加えて。『世界』の連載は、『命さえ忘れなきゃ』（1997年）という本にまとめて岩波書店から出版しました。

朝鮮人虐殺からヘイトクライムへ

村山　人ひとりを立ち直らせたんですね。慶南さんは、体験談がそのまま物語ですね。

朴　ただ、私の体験談を書くのはためらいがありました。実際に性被害を受けた友人もいます。その被害と痛みを思うと、自分が助かったからよかったとは、とても言えないです。それでも、そんな体験談から、慰安婦とされた女性たちへの性暴力に話をつなげたかったんですね。由佳さんは『星々の舟』の中で、朝鮮人慰安婦の話を描いていますよね。後でその内容に触れさせてもらえたらと思います。
村山　私たちが普段、この社会で安穏と暮らしていられるのは、極端な言い方をすれば、よほどのことがない限り自分には殺される理由がないと思っているからですよね。何か人に悪いことをしたとか、強盗殺人事件の被害者にでもならない限りはね。

　だけど慶南さんの場合は、朝鮮人であるということだけで殺される理由になってしまうんだという気づきというか、気づきたくなかっただろうけれど、歴史から見るとそう考えざるを得ないという恐怖があるわけでしょう。
朴　確かに、そういう、存在に関わる恐怖がないとは言えないです。
村山　それって、生きてゆくうえでの根源的な恐怖じゃないですか。いつ誰がどう豹変《ひょうへん》するか分からないと思うと、一人で出かけて行くのすら怖くなりますよね。
朴　私は自宅の表札を本名で出しています。この社会で、当たり前の存在としていたいから。その分、宅配便の人にもご近所の人たちにも、できるだけ感じ良くしようと心がけています。悪く思われたり、うらまれたりしないように。持って生まれた性格もあるけれど、宅配便の人には時おり飲み物や果物をあげたり、何か勧誘の電話があっても丁寧に応対するとかね。

常に自分の身を守らなきゃいけないというか、朴慶南という本名のイメージを悪くしちゃいけないというような、一種の強迫観念と使命感のようなものがあるんですね。

村山　そんなに気配りされているんですね。ただ単に本名を名乗るだけで生じる暮らしの中のそうした配慮は、私たちの想像力がなかなか及ばない領分ですね。

朴　もしも私が日本名だったら楽だろうなと思うけど、本名でいる限りは、やはり必要以上に神経を使うんです。関東大震災時の朝鮮人虐殺は過去の話と言えるでしょうか。この日本の地では、今なおヘイトクライムという憎悪犯罪が続いています。京都府宇治市の在日コリアンが暮らすウトロ地区で、2021年8月30日に放火事件が発生して、住宅や空き家7棟が全焼し、ウトロ平和祈念館で展示予定だった資料40点以上が焼き払われたり、2018年には東京都の朝鮮総連本部に銃弾が撃ち込まれたりとか、そういうのを見るにつけてね。

村山　過去の差別は消えたわけじゃなく、形を変えながら今に至るまで連綿と再生産され続けている、ということですね。

朴　まさにそうです。

もう一つだけ言わせてください。川崎市の桜本は、在日コリアンを含む定住外国人が多く住んでいる地域です。そこに多文化交流施設「川崎市ふれあい館」があるんですが、2020年の年明けに年賀状の形をした脅迫はがきが届きました。口に出すのもきつい内容です。「謹賀新年　在日韓国朝鮮人をこの世から抹殺しよう。生き残りがいたら、残酷に殺して行こう」と書かれていました。爆破予告もあり、警察の捜査で犯人が分かったんですが、なんと元川崎市職員の70代の男性でした。

桜本のヘイトデモも、とてもひどかったんですよ。川崎市で、2020年7月にヘイトスピーチに刑事罰を科す全国初の条例が施行されました。おかげでヘイトデモはある程度収まったけれど、いまだに命の危険を感じる脅迫や嫌がらせ、ヘイトスピーチは後を絶ちません。

村山　関東大震災から100年経ってもなお、ヘイトは残っている。それはどうしてなのか。私たちも、自分たちが知らないでいる現実に目を開かなければなりませんね。

歴史の闇への想像力

朴　関東大震災時、あれだけたくさんの朝鮮人が殺されたのに、殺した側の人たちが罰せられなかったのは、朝鮮が植民地支配されていて、国がなかったことが大きい。自国民のために抗議してくれる国がなかったんです。そのため殺されっぱなしでした。このことはまた後でお話しできたらと思います。

これから資料を使って、100年前に何があったのかを、詳しく振り返ってみたいんです。長くなりますが、いいですか。

村山　私も改めて事実を学びたいと思います。

朴　100年という節目を機に、メディアもいろいろな論考を載せていましたが、2022年9月2日の「東京新聞」に、「流言飛語と文学」というタイトルの記事がありました。「大波小波」という、文芸を中心に扱うコラムです。読みますね。

「関東大震災から九十九年。大火災と流言飛語による犠牲者を出したのがこの震災の特徴だ。朝鮮人をはじめ大杉栄、伊藤野枝ら無政府主義者や社会主義者が虐殺された。芥川《あくたがわ》龍之介《りゅうのすけ》、室生犀星《むろうさいせい》ら多くの文学者も震災体験を書いた。

文学者の流言飛語への態度は異なる。町会の自警団に参加した作家もいた。一方疑問をもった寺田寅彦《とらひこ》は『震災日記より』で、井戸に毒を入れる、爆弾を投げるなどの噂《うわさ》に、こんな場末の町までも荒らして歩くためには一体何千キロの毒薬、何万キロの爆弾がいるというのか、自分には信じられない、と書いた。広津和郎《かずお》も『何とも弁解のしようのない野蛮至極のものであった』と記述し、自警団として竹槍《やり》をもった人を褒めた葛西善蔵《かさいぜんぞう》に憤慨、喧嘩別れをした。

今大災害が起きたとき、SNSでの流言飛語やフェイクニュースが飛び交うことを危惧《きぐ》する。3・11でも『外国人窃盗団』『暴動』などのデマが流れたとのこと。デマやフェイクの原因は人の心の弱さと不安だ」（以下、引用文内のふりがなは適宜加除した）

この後がいいんです。

「だからこそ文学は人間の理性を育て、想像力を膨らませるために必要。災害を教訓にハードの整備だけでなく、心の闇に巣くう流言飛語を扱う文学が必要ではないのか」

今の日本文学に対して、寺田や広津に倣《なら》うべき、という問題提起をして、文学の大切さを強調しています。これは、由佳さんの問題意識にも響くところがあるんじゃないでしょうか。

「人間が一番怖い」と言った父

村山　本当にそうですね。後ほどじっくりと話したいと思いますが、たとえばただ単に悲惨なニュースを目にしただけでは、人はそれをよそごとだと思ってしまう。でも、一つ間違えば自分の身にも起こりうる、といった当事者意識や他者への想像力を育むには、物語という「容《い》れもの」が大事な役割を果たすと私は考えています。

朴　寺田寅彦や広津和郎の名前が出てきましたが、ここに一つ資料を用意しました。『関東大震災：著名人の朝鮮人虐殺・流言関連証言集』というもので、「一般社団法人ほうせんか」と「関東大震災時に虐殺された朝鮮人の遺骨を発掘し追悼する会」が2010年6月に発行したものです。

泉鏡花《いずみきょうか》、井伏鱒二《いぶせますじ》、尾崎一雄、木下順二、佐多《さた》稲子、志賀直哉、田山花袋《かたい》、野上彌生子《やえこ》ら作家から、大震災時の警視庁官房主事だった正力松太郎まで64人の著書や記録集などから関連する証言が抜粋されています。こういう人たちの実際の体験ってすごく貴重だと思うし、またある意味では伝わりやすいから説得力も出てきます。

村山　今、読んでも凄まじい内容ですよね。知性も教養もある人たちの証言だけに、どういう立場から書かれていてもそれぞれに生々しくて、ちょっとあり得ないくらい恐ろしい。

朴　私は子どものときに「幽霊が怖い」と父親に言ったら、父親から即座に言われたんです。「人間が一番怖い」って。この記録を読んでいると、まさにそう思います。

朝鮮人の身からすると、自分が本当にそこにいて、家族にこういう目に遭う人がいたかもしれないと想像しながら読むので、心にダメージが大きくて、これまではなかなか読み進むことができなかったんですが、今回は由佳さんと対談するのを機会に、覚悟を決めて、すべて読み込んできました。

村山　人間が一番怖い、っていうのは重たい言葉ですね。

朴　父親の実感だったと思います。

何人かの方の証言を読んでいきますね。まずは遠藤三郎。陸軍軍人です。1893年に生まれ、1984年に亡くなっています。軍人としての最終階級は陸軍中将。当時は国府《こうの》台《だい》野戦重砲兵第一連隊第三中隊長でした。こんなことを書いています。

「騎兵隊で江東方面の朝鮮の人たちを皆殺しにしようと（い）うわけだ。とにかく殺せば勲章でももらえるように思っているんだから。『とんでもない。そんなバカなことするんじゃない』といって、私は反対したんだけどもね。『しかし、どうも空気はそうだぞ。殺してやらんと住民が承諾せんぞ』というんですね」

村山　殺してやらんと住民が承諾せん、というところがあまりにも怖い。

殺戮《さつりく》を可能にする戦場と同じ精神構造

朴　責められたり罰を受けたりすることなく、思う存分殺せるという、異様な心理状態と言えそうです。

　これは、たとえば戦場で敵を殺すことを可能にする精神構造と重なるような気がします。戦場の兵士は、相手方の兵士だけじゃなくて、そこにいる市民たちまでも殺していきますよね。そういうことが許される。いくら殺しても許される場が戦場であるけど、この場合は戦場じゃない、日常の場でそれが許されたケースですね。関東大震災のときは、日常が戦時に、一般社会が戦場になってしまったとも言えます。

村山　流言飛語に惑わされ、朝鮮人を好きなだけ殺すことが許された状況……でもそれって、人間じゃなくもはや獣ですよね。

朴　ほかにも、反骨のジャーナリストとして知られている鈴木東民は、１８９５年に生まれ、１９７９年に亡くなっていますが、彼はこう言っています。

「朝鮮人を殺せというので、『自警団』が組織されました。八百屋や魚屋のあんちゃんたちまで、竹ヤリや日本刀をふりまわして、朝鮮人を追いまわし、われわれ市民を監視したり、どなりつけたりしました。わたしの下宿の主人は、錆びついた仕込み杖をひっぱり出して砥石《といし》にかけました。

それを笑ったというので、その下宿の主人と下宿人である若い検事とが、わたしに食ってかかりました。朝鮮人の反乱を信じない態度が、非国民だというのです。その検事はどなりました。『警察が認めていることを、君は否定するというのですか』と。

東京市民の99％までが、この調子でした」

東民はその後、日本電報通信社のベルリン特派員になり、ヒトラーが率いるナチスによるユダヤ人虐殺を目撃して、ナチス批判を展開します。

それにしても、警察が認めているから、それを否定するのは非国民だという論調は恐ろしい。

村山　警察はよく間違います。私たちはそういう事例をゴマンと見てきていますよね。

朴　そうですよね。流言が最も激しくなり広範囲に広がったのは、戒厳令が敷かれて治安の政治的責任が軍部首脳に移ってからだったんです。戒厳令というのは大きかった。これをバックに、軍や警察が流言飛語を意図的に流していったわけですね。

千田是也《せんだこれや》は、近現代の日本を代表する演出家で初代俳優座代表を務めました。1904年に生まれ、1994年に亡くなっています。千田さんの回顧談は象徴的です。千田さんは、自らが朝鮮人に間違えられたんです。

「あいうえおを言え」とか「教育勅語を言え」と命じられた。その二つは何とかクリアできたが、「歴代天皇の名前を言え」と言われ、往生するんです。中学を出たばかりなので、半分くらいしか覚えていない。もうダメだと覚悟したとき、ある顔見知りの「なーんだ。伊藤さん（千田是也の本名は伊藤圀夫《くにお》）のお坊ちゃんじゃないですか」という声に救われた、というんです。

村山　そこで救われずに殺された人がどれだけいたことか。

殺したくてしょうがないという集団心理

朴　千田さんはこうも言っています。

「それにしても、私は殺られずに済んだが、ちょっと怪しいというだけで、日本人も含めた罪のない人々がいったい何人殺されたのだろう。

後になってそれは、政府や軍部が流したデマだと知って、がく然とした。震災の混乱を利用して、階級的対立を民族的対立にすり替えることで、大衆の不満をそらそうとしたのだ。これはナチスがとった手段と全く同じではないか。異常時の群集心理で、あるいは私も加害者になっていたかもしれない。その自戒をこめて、センダ・コレヤつまり千駄ヶ谷のコレヤン（Korean）という芸名をつけたのである」

村山　自分も被害者になっていたかもしれない、というか、誰がいつ、どんな言いがかりの下に殺されてもおかしくない。生死の境界線なんてほんの一歩の違いだったんですね。

朴　中村翫《かん》右衛《え》門《もん》（3代目。1901年―1982年）という著名な歌舞伎役者はこう書いています。

「歩いて行く道々も、自警団があって、竹槍を持っている人、日本刀を腰にさしている人、朝鮮人とみれば惨殺するし、歩く人々の中から、ちょっとでももつれた変なことばがあれば、朝鮮人として引きずってゆく。どのくらい罪もない朝鮮人民が虐殺され、日本人民が、朝鮮人民とまちがえられて殺されたかしれない」

　歴史学者のねずまさし（1908年―1986年）は、朝鮮人と間違われて危うく殺される一歩手前までいったけど、町内で知っている人が自分を認めてくれたので九死に一生を得た、という体験談を書いています。それまで自分を朝鮮人かと思って包囲していたまわりの人々がすっかり失望し、「『なんだ！日本人か！』といって、つまらなそうに、ちりぢりになって、立ち去っていった」と書いています。

これもすごい話ですよね。「なんだ、日本人か」と、日本人であることが分かったとたんにがっかりして、そういう言葉が出てきたということですよね。

村山　最初のうちは流言飛語を信じて、曲がりなりにも自分たちの身を守ろうと武器を取ったはずが、途中からは歯止めがきかなくなって、もはや誰でもいいから殺したくてしょうがないという感じですね。

朴　そういう集団心理のように感じます。

画家の伴《ばん》敏子（１９０７年―１９９３年）さんは15歳で被災し、こう書き残しています。

「段々と皆も落ちついて、制服巡査のふれ歩いた朝鮮人騒ぎも何のことだったのか、その後の報告も、発表は何もなかった・・・毒を入れられたと云う井戸は何でもなかった。朝鮮の人は誰も暴れなかったようだった。だのに・・・。『がぎぐげごと云ってみろ』などと云われて、少しでもなまりが変だと町の人に取りかこまれてビール瓶で叩き殺されたりしたのはなぜだ。本当にどんな悪いことをしたのだろう。なぜだ、なぜだと思いながら、私も自警団の手助けをしたし、地震よりその時はその騒ぎの方がこわかった。誰がそんな噂を云い出したのだろう。噂は嘘で殺されたのは本当なのだ。その人達にも子供や奥さんがいて人間としての生活があるのに。

もし私が自警団の人達と廻っていて、朝鮮の人を見つけたらどうだったろう。皆が殺そうとしたらどうしたろう。何もかもが信じられないようになってしまった」

嘘のような本当の残虐な現実を、思春期の女の子がどう心に刻んだか、いかに深い傷になったかがよく分かります。「その後の報告も、発表は何もなかった」というのは、結局、何事もなかったかのように終わってしまったということですよね。殺戮行為自体が問題にもならなかったってことです。

大虐殺と言っていいほどの様相

朴　欧米人も殺されています。O・M・プールは『古き横浜の壊滅　アメリカ人の震災体験』（金井圓訳、有隣新書、1976年）の著者ですが、こう書いています。

「ライズィング・サン（シェル石油）社のビル・ブラッチは（中略）山登りをしたことも

ある私の若い友人であったが、鎌倉の村で、朝鮮人容疑者と間違えられて、一団の暴徒に襲われ、（中略）助け出されたときはすでに、棍棒でめった打ちにされて死んでいたのである」

ビル・ブラッチさんは東洋系の顔立ちだったのかもしれないですよね。

村山　あるいは暗がりで被害に遭ったのかも。

朴　労働運動家の松崎濱子は10歳で被災しています。

「私は家を離れる前『朝鮮人がそっちにいったぞ。井戸に毒を入れるぞ』と叫んで走り回る自警団をみていました。試験管に井戸水を入れ、振りながら怪しいと首を傾ける白衣の薬局のおじさんもいました。私はその井戸の水を飲んでいましたが、なんでもありません」

試験管に入れてこれは怪しいって言う薬局のおじさんも怖いよね。

「私の父も顔つきが悪かったのか、耳が遠くて返事が遅かったのか、あちらこちらで呼びとめられ脅かされたそうです。私はこの時いらい軍隊に疑問をもち、兵隊が嫌いになりました」ってあります。

村山　今、慶南さんが読むのを聞いているだけでも、これでもか、というほど重みのある証言ばかりですね。

朴　大虐殺と言っていいほどの様相だったんだと思います。

千葉県習志野《ならしの》の収容所では、軍隊が収容していた朝鮮人たちを各集落に「払い下げる」ということもありました。朝鮮人を数人ずつ集落に渡すから、取りに来いという命令があったわけです。殺すのを目的として「払い下げ」られた朝鮮人は集落の人たちによって殺されました。松の木に縛りつけて、かわいそうだけど殺すしかない、払い下げられたわけだからと殺していった、という証言がありました。後にだいぶ経ってから、お寺で供養するようになったところもあるんですけど。

村山　「払い下げる」という言葉にすべてが表れていますね。すでに人間扱いしていない。

朴　フランス文学者の田辺貞之助《ていのすけ》（1905年―1984年）は、大震災発生後4日目ぐらいになると朝鮮人狩りが本格的になった、とその実態を具体的かつ詳細に記しています。

村山　しっかりと聞きたいと思います。人間をやめたくなるくらいむごいところを読んでもいいですか。

日本人であることの恥辱

朴　「ひとつひとつ見てあるくと、喉を切られて、気管と食道の二つの頸動脈《けいどうみやく》がしろじろと見えているのがあった。うしろから首筋を切られて真白な肉がいくすじも、ざくろのようにわれているのがあった。首のおちているのは1体だけだったが、ムリにねじ切ったとみえて、肉と皮と筋がほつれていた。目をあいているのが多かったが、円っこい愚鈍そうな顔には、苦悶のあとは少しも見えなかった。みんな陰毛がうすく、『こいつらは朝鮮じゃなくて、支那だよ』と、誰かがいっていた。

ただひとつあわれだったのは、まだ若いらしい女が――女の死体はそれだけだったが、――腹をさかれ、6～7ヶ月になろうかと思われる胎児が、はらわたの中にころがっていた。が、その女の陰部に、ぐさり竹槍がさしてあるのに気づいたとき、ぼくは愕然として、わきへとびのいた。われわれの同胞が、こんな残酷なことまでしたのだろうか。いかに恐怖心に逆上したとはいえ、こんなことまでしなくてもよかろうにと、ぼくはいいようのない怒りにかられた。日本人であることをあのときほど恥辱に感じたことはない」

村山　人間であることの恥辱、とさえ言いたくなりますが、そう言って一般化することで罪悪感を薄めてしまってはいけませんね。自虐史観などというところを越えて、私たちはやはり何よりもまず、いったんは「日本人であることの恥辱」を嚙《か》みしめるべきなのかもしれません。

朴　このほか、千田是也さんの体験のように、日本人自身もまた朝鮮人狩りに遭ってるんです。後で知ったら日本人だったが、殺してしまったというケースがたくさんあります。恐怖で言葉が出なかったり、発音がちょっと変だとかということで殺された。東北や沖縄出身の人も間違えられたそうです。

村山　志賀直哉の日記も載っていますね。殺気立った街中で若者2人が「鮮人が裏へ廻ったんで、直《す》ぐ日本刀を持って追いかけると、それが鮮人でねえんだ。しかしこういう時でもなけりゃあ、人間は斬れねぇと思ったから、とうとうやっちゃったよ」と笑って語り合っているのを聞いたと。志賀は「ひどい奴だとは思ったが、不断そう思うよりは自分も気楽な気持ちでいた」と書いています。

朴　気持ちが高揚して感覚が麻痺《まひ》したということですか？

村山　高揚というよりも、「気楽な気持ちでいた」という表現そのものにぞっとさせられますね。そうとしか言いようのない気分だったのだろうと思うとよけいに。

朴　そういう心理状態は想像できないところがありますね。そこまでいってしまうのかという気がする。人情があふれていたはずの下町が、瞬く間に多くの人が殺戮に駆り立てられる場になってしまった。

人間が嫌になることがある

村山「ひどい奴だとは思ったが、不断そう思うよりは自分も気楽な気持ちでいた」っていうのは、志賀直哉の非常に正直な告白だと思うんですよね。

小説家、文学者というのは、対象から、状況から、距離を取って醒《さ》めた目も持ちながらものを書く人間のことなんじゃないのかなと思っていたんだけど、みなが志賀直哉のように率直なわけじゃない。あれだけ未曾有の事態が起こってしまうと、そこに巻き込まれてしまって、書き手の人となりというか人間性が露骨に出てしまうなという感じはあります。

朴　堂々と殺せるのならやっちゃえ、という。さっきも話したように戦場こそがそうなんでしょうけど、人間の残虐性が高揚して、何でも許されるとなったら、その限りを尽くすことになる場合もあるんですよね。

村山　残虐な衝動が止まらなくなってしまう。さっき、もはや獣だと言いましたけど、獣に失礼かもしれない。人間こそ、最も残虐な生きものなのかも。

朴　理性が吹っ飛んで、快感を覚えたりするんでしょうね。普段は仕事もちゃんとして、人にもへりくだっているような人が、自分が偉くなったみたいに威張り散らして、朝鮮人狩りをしていった。日常の鬱屈した心理がそこで発散されるというようなことも起きたんだと思います。

村山　今のヘイトもそういう面がありますよね。昔は流言飛語によって口から口へ排外主義的なデマが広がったけれども、今はそれがSNSによってもっと簡単になされている。人々の心の闇がそこに放たれるような印象もあります。

朴　デマによる煽動《せんどう》に、国家権力やメディア側が介在する場合もあるから、そこにも注意しなければいけないと思います。

　今の私には、ヘイトデモで叫ばれた、「良い韓国人も、悪い韓国人もどちらもみんな殺せ」みたいなヘイトスピーチの言葉がよみがえります。インターネット上で、「朴慶南、苦しみながら死ね」と言われたこともあります。

村山　ちょっと待って。何ですかそれ……ひどい。ごめんなさい、言葉が出ません。

朴　そういう体験と連動してすごく恐怖を感じるんです。
村山　まさに、今の問題としてね。
朴　そう、今の問題として。私ね、本当に人間が嫌になることがあるんです。父が言っていたように、人間が怖い。
　この証言集を読んでいると、人間のあまりのむごさと愚かさに耐えがたくなって、正直、自分が人間であることさえもつらくなってきます。だから私自身が、人間への信頼感を与えてくれる人を求めるのだと思います。そういう存在の一人が、神奈川県警鶴見署長だった大川常吉さんなんですが、大川さんのことは次章で紹介することにして、その前に、もう少しがんばって証言集を読み続けますね。

流言飛語情報を操作する側にいた正力松太郎

朴　映画監督の黒澤明（1910年―1998年）です。関東大震災時には中学2年生だったんですね。
「もっと馬鹿馬鹿しい話がある。町内の、ある家の井戸水を飲んではいけないと云うのだ。

何故なら、その井戸の外の塀に、白墨で書いた変な記号があるが、あれは朝鮮人が井戸へ毒を入れた目印だと云うのである。私はあきれ返った。何をかくそう、その変な記号というのは、私が書いた落書だったからである。

私は、こういう大人達を見て、人間というものについて、首をひねらないわけにはいかなかった」

村山　恐怖は、作られていくんですね。どんな些細《ささい》なことでも、捻《ね》じ曲げられて、でっち上げに使われていくということが、よく分かるエピソードだと思います。

朴　ここまでは、虐殺を距離感を持って、冷静さを保って批判的に見ていた人たちの証言でしたが、ここに正力松太郎（1885年―1969年）という、当時、警視庁官房主事という職務にあった人の証言があります。まさに、朝鮮人が悪をなす可能性があるとの流言飛語情報を操作する側の立場にあった人です。

戦後、読売新聞と日本テレビのトップとしてメディアの頂点に君臨し、また、プロ野球の読売巨人軍の創立者としても有名ですよね。正力は『正力松太郎　悪戦苦闘』（日本図書センター、1992年）によると、こう回顧しています。概略を含めて、時系列で紹介します。

地震のあった9月1日夜、朝鮮人が不穏な計画をしているとの風評を受けての検挙報告が入ったが、2、3時間後にはいずれも確証なしとの報告があった。2日にはまたもや不《ふ》逞《てい》鮮人の検挙報告があったので正力自身が念のために直接調べたが、犯罪事実はだんだん疑わしくなった。

正力は、そのうえでこう書いています。

「折から警視庁より不逞鮮人の一団が神奈川県川崎方面より来襲しつつあるから至急帰庁せよとの伝令が来まして急ぎ帰りますれば警視庁前は物々しく警戒線を張っておりましたので、私はさては朝鮮人騒ぎは事実であるかと信ずるに至りました」

村山　自分が直接調べて、最初は確証なしとしていたのに、だんだん何となく疑わしい気分になっていって、警視庁に戻って組織が物々しい対応をしていたということをもって虚報を真実と信じるに至ったという、そのいいかげんな経過がよく分かりますね。

朴　警察の混乱ぶりは、小説家の尾崎一雄（1899年―1983年）も書き残しています。

「自警団員何人かが、『朝鮮人だ！』と1人の男に襲いかかって袋叩きにし、さて持物を調べたら、鹿児島県人と判った。そこで慌てて、鉄道病院に担ぎ込み、鋭意手当て中――そういう話もきいた」

そしてこうも言っています。

「電柱とか立木とかに貼ってあるビラを見てそう思った。『暴徒』や『朝鮮人』が不逞の行動に出る懼《おそ》れがあるから注意せよ——井戸には毒が投入されたかも知れぬからうっかり飲むな——そんな意味のビラがある。それには警察が署名しているものもあった。ところが同じ電柱や立木に『みだりに暴力を振るってはならぬ』『朝鮮人に保護を加えよ』そんな意味のビラが、同じ警察の署名で貼ってあるのだ。前のが先ず貼られたのだと判断された。それが、自警団の行過ぎ、また『自警』に便乗しての暴力行為がひどくなるに及んで、あとのが貼られたのに違いない」

メディアと政治と警察の責任

村山　きっとそのとおりだったんでしょうね。後のビラで前のビラを否定しようとした。でもすでに時遅し、だった。

朴　正力は後に、1944年に警視庁で行なった講演で、「虚報は震災の衝撃と通信電信途絶による人心の疑心錯覚から生じたもので、それに翻弄された当時の警視庁は事態への対応に失敗した」と述べています（『正力松太郎　悪戦苦闘』）。「朝鮮人の暴動」「井戸に毒を入れる」などが「虚報」であったことも、警視庁が事態対応で失敗したことも認めているし、それが「人心の疑心錯覚」から来たものであるとも分析しています。つまり、暴動の噂を流布させたことを本人も自覚しているわけですよね。

正力は、戦争中に新聞人として戦意高揚に努め、また大政翼賛会の総務などに就いていたことから、戦後、A級戦犯に指定されるんですね。巣鴨拘置所に勾留されますが、不起訴となって釈放されます。これはアメリカから対米協力を求められたことと引き換えだったとも言われ、公開されたアメリカの外交文書から、正力本人はCIAにも近かったとみなされています。その後は、読売新聞社主、国会議員として、原子力の平和利用というキャンペーンを張り、被爆国である日本に原子力発電を導入する先頭に立った人でもあります。

今回、正力松太郎についていろいろと調べてみて、その人物像が、自分の中で腑《ふ》に落ちるものがありましたね。

村山　メディアと政治と警察を股にかけて、民衆を支配するための策謀をめぐらした人だったように思います。『風よ　あらしよ』にも書きましたが、大杉栄たちアナキストを目の敵にしていたのも正力でした。

朴　権力の側がいかに人心を操り、支配のためのあくどい工作を平然と行なうか、正力松太郎という人物の軌跡をたどるとよく分かる気がします。

第2章　虐殺はなぜ起こったか

――隠された歴史の解明と希望をつなぐ人

姜徳相《カンドクサン》による虐殺のメカニズム解明

朴　大震災後、大杉栄ら無政府主義者・社会主義者たちの殺害については相応に研究が進んでいったんですが、朝鮮人虐殺があったということは顧みられることなく、長い間、歴史の闇に葬られていました。注意を払う人がほとんどいなかったんですね。ところが、その研究を続けてこられた学者がいた。姜徳相先生です。

村山　どういう方なんですか。

朴　姜徳相先生は、在日コリアンとしてはじめて国立大学（一橋大学）教授になった人で、専門は朝鮮近現代史、特に朝鮮独立運動史ですね。『関東大震災』（中公新書、1975年）など大震災に関わる書籍を何冊も書かれていて、私はそれらを手にして学んできました。一橋大学から滋賀県立大学の教授になられ、2021年6月に亡くなられました。

姜先生の研究のきっかけは1960年頃、国会図書館の司書の人から、GHQ（連合国最高司令官総司令部）に押収されて戻ってきた返還文書があると聞いたことからでした。その中から大震災時の政府部内の動きを記録した公文書を見つけて調べてみたら、震災直後に内務省警保局長が「朝鮮人は各地に放火し不逞の目的を遂行せんとし、現に東京市内において爆弾を所持し石油を注ぎて放火するものあり」との電報を各地方長官宛に送っていたこと、つまりデマの拡散に当局が加担していたことが分かったんです。

村山　「爆弾を所持」と当局が認定したんですか？

朴　誤認だったんです。「爆弾なりとせるものは、パイナップルの缶詰にして、毒薬と考えしものは砂糖の袋なりき」などと、後で訂正されて分かる。でもそれは後になっての話で、第一報としては朝鮮人が不穏な画策をしているという公式情報が、警察のネットワークを通じて、隅々まで伝達されていったわけですね。

それから姜先生は神田の古書街を回ります。地震の見聞録を集めたんですが、その中に、「朝鮮人を竹槍や日本刀で殺した」とか、「朝鮮人は殺してもいいと警官から聞いた」といった証言が次々に出てきたんです。そこで姜先生は腰を据えて、この問題に取り組まれていく。

村山　なぜそれまでは大震災後の朝鮮人虐殺についての研究が進まなかったんでしょうか？

朴　その点について姜先生は、２０２０年9月26日の「東京新聞」の取材に対して、大震災後の虐殺について戦前は完全に口止めされており、戦後ようやく軍による社会主義者・無政府主義者の虐殺の研究が進んだが、朝鮮人虐殺についてはほとんど研究がなされてこなかったと語っています。戦後に至ってもなお、朝鮮人虐殺はタブーだったんでしょうね。

1975年の著書『関東大震災』ではその研究の成果がまとめられています。まずは、戒厳令の発布があり、流言の発生が起こり、流言の伝播《でんぱ》工作があり、そして軍隊の出動になったと。時系列、組織別に事実関係を記述していて、デマがなぜ発生、伝播したか、それに当局がどう関わっていたか、そのメカニズムを明らかにしています。

村山　日本人の朝鮮蔑視の意識からデマが自然発生したとの見方もありましたよね。

朴　それもなかったわけではないでしょうけれど、姜先生は、戒厳令下の虐殺という点を重視されています。というのも、大震災翌日の9月2日に戒厳令が出され、軍隊が街中に出動して見張っている。戒厳令下ですから、一般の人が徒党を組んで朝鮮人に暴力をふるったり、朝鮮人を殺したりしていれば軍隊が制止するはずですが、事実はそうではなかった。軍と一般の人が一緒になって殺していたわけですね。

そこから考えると、軍や警察が治安組織として朝鮮人を敵視していたのは明らかで、民衆は意図的な官製デマに踊らされて、ここまでの大量虐殺に及んだというのが姜先生の分析です。

村山　市井の日本人の間に歴史的に蓄積された、朝鮮人に対する偏見による自然発生的な虐殺というより、戒厳令下の軍隊、警察による組織的、意図的な虐殺だったと？

朴　そういうことです。地震があったのは1923年9月1日ですが、その10年以上前、1910年の「韓国併合」により、日本の朝鮮半島に対する植民地支配が始まっていました。

日本による苛酷な植民地支配に対して、1919年には朝鮮半島で三・一独立運動、1920年には中国の間島《かんとう》地方で朝鮮民族独立運動といった、大規模な反日運動が各地で相次いで起きていました。これらの動きを、日本当局は危機的な事態とみなし、恐れていたと言っていいでしょう。日本が武力と強権で朝鮮民族を支配し、抵抗運動が起きるのを強圧的に封じ込めていたことを誰よりもよく知っていたのが、日本政府や軍警察当局だったのです。

暴力が支配する戒厳令という措置

朴　そんなときに起きたのが関東大震災です。大震災当時の内務大臣・水野錬太郎《れんたろう》、警視総監・赤池濃《あつし》は、いずれも三・一独立運動を現地で経験していました。赤池は総督府警務局長であり、彼の上司として行動を共にした水野は時の総督府政務総監だったんですね。政務総監は総督に次ぐナンバー2という立場です。水野も赤池も朝鮮赴任中に朝鮮民衆の不屈の独立志向や闘争力を身をもって経験していた。

その体に刻み込まれた体験から、日本国内においても大震災のような非常時には朝鮮人に対して過剰なまでの警戒感を持つに至ったのでしょう。それが戒厳令の発布であり、流言の伝播工作だったのではないでしょうか。日本の民衆も政府が宣伝した朝鮮人観をそのまま受け入れてしまった。それがあそこまで虐殺をエスカレートさせた真因ではないか、と姜先生は見ているんです。

村山　戒厳令発動というのは、日本の近代史の中で、そう回数はなかったんでしょうね。

朴　戒厳令は旧憲法下の制度で、緊急勅令に基づく行政戒厳措置です。発動は、ポーツマス条約に反対した1905年の日比谷焼き討ち事件と、1923年の関東大震災時と、1936年の二・二六事件の過去3件しかありません。
資料を見ると、大震災の際は、9月2日に東京市（当時。以下同）、荏原《えばら》郡、豊多摩郡、北豊島郡、南足立《みなみあだち》郡、南葛飾《みなみかつしか》郡で、3日には東京府、神奈川県の全域に、4日には埼玉県、千葉県にまで発動されています。
村山　大杉栄と伊藤野枝らが甘粕ら憲兵隊に虐殺された後、村木源次郎という大杉の右腕だった男が暗殺しようとした相手が、戒厳令の司令官だった福田雅太郎《まさたろう》なんです。福田が戒厳令を発令しさえしなければ虐殺なんてことは起こっていないと村木は考えていた。
朴　そうなんですね。
村山　村木は狙撃と爆殺を試みますが、結局未遂で終わり、後に獄死するんです。
朴　戒厳令は通常の立法権、行政権、司法権が一時停止され、軍隊がすべての力を掌握することだから、こんな怖いことはないですよね。暴力によって何でもできるという状態。そうすると、やはり軍は組織的に朝鮮人を殺す側に立っていきます。警察は、朝鮮人を保護する場面もありましたが、大半は軍隊と一緒の行動をした。警察官の中に朝鮮人を助けた人がいたことは、後でお話ししたいと思います。

村山　今、朝鮮人の虐殺はなかった、全部嘘だ、と主張する人たちがいますよね。

朴　その恐ろしい潮流についても後でお話ししたいのですが、朝鮮人虐殺の事実は日本政府も言及しているんですよね。内閣府の下に設置された中央防災会議の「災害教訓の継承に関する専門調査会」が2009年3月にまとめた『1923　関東大震災報告書【第2編】』は、虐殺の背景として「日本が朝鮮を支配し、その植民地支配に対する抵抗運動に直面して恐怖感を抱いていたこと」と「(朝鮮人への) 無理解と民族的な差別意識」を指摘し、「反省することが必要」と述べています。

朝鮮人なら殺してもいいという時代があった

村山　朝鮮人側の被害と恐怖は、「反省することが必要」などという言葉で片づくようなものではなかったでしょう。であるにしても、日本政府もその事実は最低限、認めているわけですか?

朴　いいえ、認めていないです。でも、日本の〝歴史教科書〟は、きちんと書いていました。ほるぷ出版の『日本の歴史』(家永三郎編、1996年) です。

「虐殺されたのは朝鮮人だけではなかった」として、戒厳令によって「政治の責任をまかされた軍隊は、9月4日夜、江東《こうとう》地区の亀戸《かめいど》警察署にとらえられていた南葛《なんかつ》労働会の指導者・川合義虎《かわいよしとら》（中略）をはじめ、10人もの社会主義者を、近くの広場につれだし、銃剣で突き殺し、石油をかけて焼いた。やはり、近衛師団の騎兵隊《きへいたい》の犯行であった」と。これが亀戸事件です。「また、東京憲兵隊（軍隊の警察）の陸軍大尉甘粕正彦《あまかすまさひこ》は、それまでさがしていた無政府主義者大杉栄《おおすぎさかえ》とその妻伊藤野枝《いとうのえ》を検挙し、その首をしめ殺した」。近衛師団は100人余りの朝鮮人を射殺したといわれる、と書いてあるんですよね。

村山　具体的かつ詳細な記述ですね。

朴　あったことをなかったと言うのは、愛国主義ではないと思いますね。

村山　見たいことだけ見て、見たくないことからは目を背けていたのでは、何一つとして過去から学ぶことはできませんよね。たとえばドイツは、ナチスの行為を正面から認めています。苦しいことだから国内から反発はあるにせよ、そこから逃げまいと努めている。過ちを過ちとして認めることからしか、国への本当の思いも生まれないのではないでしょうか。

朴　そう思います。

虐殺された人数がもっと少ないと主張する人もいます。もちろん事実を明らかにしてそういう言説に抗《あらが》うことは重要ですが、より本質的には、5000人か6000人かが問題ではなく、朝鮮人なら殺してもいいとされてしまったことが問題だと思うんですね。ちなみに、2008年の政府の中央防災会議の報告書は、関東大震災の死者・行方不明者約10万5000人のうち「1〜数%」が虐殺の犠牲者だと推定しています。

村山　たとえ1000人や2000人であったとしても、だったら許されるのか。数を云々するのは屁理屈でしかないですよね。それにしても、そうした研究を、日本の学者が先頭に立って進めたのではない、というところが日本人としては残念です。

朴　姜徳相さんは、1932年に韓国の慶尚南《キョンサンナム》道《ド》咸陽《ハミヤン》郡に生まれて、34年に2歳で渡日してからは、都立青山高校卒業、早稲田大学第一文学部史学科卒業と、ずっと日本で活動されてきた人です。人柄はとても温厚なんですけども、やはり歴史家として、朝鮮半島に生まれた者として、この問題はしっかり調査しなければ同胞が浮かばれないという強い使命感があったのではないでしょうか。

先の本『関東大震災』のまえがきではこう述べておられます。

「この本を書くにあたって、著者が被害民族の一員として告発の刃をつきつけることになってはいけない。そのためにできればこの仕事は日本人自身の歴史の問題として追究してもらいたい、とのためらいの心がなかったといえばうそになる。が、編集者の熱心なすすめもあり、一方で被害者の立場から『血債』の決算書をつくっておくことも必要であろうと思った」

「事件が被害者、加害者双方の歴史に永遠に記され、決して忘れてはならない。痛く重く悲しい経験は世代から世代へ確実に伝承されねばならないし、そのために事実をつきだしておくことはぜひとも必要であるとも考えた。事実は自責、痛恨の決意書のうらがきであり、加害者は二度とくり返してはならない、被害者は二度とくり返されてはいけない決意と反省への保証となるべきものである。著者の立場はこれにつきている」

なぜ一般人が虐殺に手を染めたのか

村山　「事実は自責、痛恨の決意書のうらがき」という言葉を、私たちは胸に刻み込まなければなりませんね。

こだわりますが、姜先生が発掘しなかったら、この問題は誰もやらなかったのかしら。

朴　誰もとは思わないけれど、実際に戦後においても、日本人の学者はほとんどやってこなかったですよね。姜先生と相前後して、朝鮮大学の先生や学生たちも聞き書き、証言探しをしていくんですが、やはりきちんとした資料が日本側に残されておらず、彼らの調査は壁に突き当たります。１９６０年頃のＧＨＱが返還した資料から、この問題に入っていった姜先生の功績は大きいのではないでしょうか。

村山　まさに歴史に残る大事な仕事をなさったわけですね。

虐殺の背景ですが、当局と戒厳令という背景があってのことだと解明されたのが姜先生でしたが、なぜ軍隊や警察ではない一般の人たちがここまで積極的に虐殺に手を染めていったのか、という疑問は残りますよね。自警団という自治組織の存在が改めて気になります。慶南さんも、なぜ彼らがそこまで残虐になれたのかという問いを発せられていましたよね。

朴　自警団とは何なのか、からいきましょうか。百科事典を引くと、「火災・盗難などから自らを守るために組織された民間の警備団体」とあります。「１９１８年（大正７）の米騒動を契機として、警察は民衆の組織化に着手し、『自衛自警』をスローガンに、各地で自警組織を結成するよう住民を指導した」（日本大百科全書）といいます。

「（注・1923年の関東大震災時の）自警団の数は、東京1145、神奈川634、埼玉300、千葉366、茨城326、群馬469、栃木16に及ぶ」「組織の中核は、各町村の青年団、在郷軍人会、消防組で、警察が上から組織したものが多い」とも書かれています。

「大震災が発生し朝鮮人暴動の流言が流布されるや、各所に自警団がつくられ、竹槍《たけやり》、棍《こん》棒《ぼう》、日本刀、鳶口《とびぐち》などで武装して通行人を検問。軍隊・警察の公認下で数千人の朝鮮人を虐殺した」（同前）わけです。9月2日の午後、神奈川警察署管内高島山に集まった避難民に対して警察官が、「今夜、此方面へ不逞朝鮮人が三〇〇名襲来することになって居るそうである」「猶、十六歳以上六十歳以下の男子は武装して警戒してください」とまったく虚偽の情報を流し、自警団の結成を促したといいます（『神奈川県 関東大震災 朝鮮人虐殺関係資料』姜徳相・山本すみ子編、三一書房、2023年）。

村山　自警団にはそもそも、地域の互助会的側面もあったわけですよね。近所付き合いとかで日常的に、日本人と朝鮮人の接点、交流もあったんじゃないかと思うんですが。差別や葛藤はあるにしても、両民族がまったく分断されていたわけじゃないでしょう。

　そこは、どうだったんでしょう？

朴　ただその時代、やはり朝鮮半島から渡って来た人たちは働き口が限られ、社会の底辺での仕事を余儀なくさせられていました。朝鮮人とはどういう存在かというとき、日本人の間では差別意識が込められたイメージが広く共有されていたと思いますよ。

村山　と同時に、何をやるか分からない人たちだと。

朴　日常的に接点がないから、何をやるか分からないというようなイメージも醸成されていたでしょうね。大震災時には、朝鮮人の見た目、姿形はこうだ、そういうのが朝鮮人だと特徴を書いて、警察や自警団が配っていたようなんですね。それも、前提として差別と偏見がないと行き渡らなかったと思います。

差別するがゆえの恐怖

村山　自警団の人たちは、流布された噂をなぜ疑いもなく信じてしまったのか。当局が言うからとか、新聞が書いたというのもあるのでしょうけれど、意識の底には、常日頃自分たちが差別しているから、いざとなったら、もしかしたら仕返しされるかもしれないという潜在的な恐怖感があったんでしょうね、たぶん。

朴　それはあったと思います。

戒厳令を下した側の水野や赤池が、日本の植民地支配とそれへの反発を現地で見て、朝鮮人への恐怖や警戒を募らせたことは先ほど話しましたが、同様の感覚は市井の庶民の間にもあったのではないかと。

村山　現代で言うと、アメリカの白人と黒人の関係もそういう部分がありますね。近年、白人警官が黒人の男性を過剰に抑えつけて死なせてしまった事件がありましたが、根っこに同じものがある気がするんです。実際に黒人たちが集団で抵抗してきたら自分たちが負けると思っているから、白人支配層は銃で武装したり、警察が先回りしてひどい弾圧をしたりするわけですよね。普段差別しているだけに、恐怖があるんでしょう。ある意味で、罪悪感の裏返しですね。

朴　その意識が流言飛語を増幅したんでしょうね。日常的に抑えつけられている朝鮮人は、いざとなると何をするか分からない、こういうときに乗じて仕返しをするんじゃないだろうか、と。誰も井戸に毒なんて入れていないのに、誰かが言い出したら、それがあっという間に広がっていった。

村山　『風よ　あらしよ』で伊藤野枝に言わせましたけれど、井戸に毒なんか入れたら、たちまち自分たちだって困るんだから、そんなことするわけないでしょうに。

朴　冷静に考えれば、そうなんですよね。ところが、大震災というパニック状況では、仕組まれた流言飛語で恐怖心と差別意識がふくれ上がり、「井戸の毒」を疑いなく信じ込み、さらにその噂を拡散してしまう。

村山　自分たちだけが地震に遭ったわけじゃないという、ごく当たり前の冷静な捉え方すらできなくなってしまった。

朴　とにかく不逞鮮人が日本人を襲おうとしている。自分たち家族の安全を脅かそうとしているから、そういうやつらは自警団を通じて、自分たちで成敗するしかないと。

村山　やられる前にやるみたいなことになってしまったんですね。

先ほどの白人と黒人の話ではないですが、黒人は音楽やダンスをはじめとして文化的に深い感情表現を行なってきたように、朝鮮民族も感情表現が豊かで、大声で泣いたり笑ったりしますよね。日本人からすると、自分たちよりも生きものとしての生命力が強いように感じられて、そういう人たちを底辺に押し込めていた分だけ、非常事態下では自分たちの方がやられるのではないかという恐怖心が生まれて、過剰に反応してしまう部分もあるのかなと思ったんですが。

朴　確かに水野や赤池は朝鮮民族の決して屈しない抵抗に恐れを感じたと思いますが、震災当時の日本では、市井の日本人が朝鮮人たちの生命力を感じるような機会がそんなにあったのかどうなのか。今であれば日常的に接して、音楽にしても、K-POPのようなダンスにしても、さまざまな文化にしても、それから普段のしぐさや振る舞いにしても、朝鮮民族は感情の表現力が豊かなことを日本人が感じられるんだろうけれど、当時はそこまで接点があったようには思えないんです。朝鮮人が、その芸能や文化の魅力を日本人にアピールできるような場もなかったでしょう。

朝鮮人への差別意識は明治以後

村山　震災当時にはそこまでの接点はなかった?

朴　中には自分の工場で働いている職工さんだからと、雇い主が朝鮮人を守ったケースも実際にあったし、一般の日本人が朝鮮人と親しくすることは、まったくないわけはなかったと思うけど、接点はそんなになかったんじゃないかな。

大震災前は、朝鮮半島から連れてこられたり、仕事を求めて渡って来たりした朝鮮人のほとんどが、最低賃金の仕事に追いやられていて、普通の日本人たちと隣近所の関係を結ぶというのは、あまりなかったような気がするんですよ。たとえば炭鉱とか、道路工事や河川工事とか、朝鮮人は一つの場所に集まって仕事をして暮らしている人たちが多かった。日本人からすると、朝鮮人は見た目も貧しそうで、大した知性や能力もないだろうし、汚い仕事をしているというイメージが大半だったのではないでしょうか。そして何といっても、国がない亡国の民なので、かなり見下げていた感じがします。

ただ、思い起こしてみれば、朝鮮人に対する日本人の蔑視感情は、やはり明治以降なんです。それまでは、そういう偏見はなかった。

村山　確かに、江戸時代は朝鮮通信使なんかがありましたよね。文物の交換を通じた文化交流や、使節を介した平和外交が行なわれていました。

朴　江戸時代には、ほぼ将軍が代わるたび、12回にわたって、毎回、４００人から５００人の大使節団がやって来ました。学問やさまざまな技芸に秀でた人たちが朝鮮から来るということで、通信使が通る沿道には、行列を一目見ようと人垣ができたそうです。また、日本の文人たちも、書や絵を教えてほしいなどと、交流を求めて宿舎に押しかけたといいます。道中では、通信使たちをもてなすことが誇りでもありました。

村山　礼を尽くして、考えられる限りのおもてなしをしていたといいますよね。

朴　朝鮮通信使が来るきっかけは、秀吉が朝鮮を侵略した文禄《ぶんろく》・慶長《けいちょう》の役にありました。日本側に陶工ら多くの捕虜を連れて行かれたので、その人たちの消息を知る、もしくは、取り戻す交渉で来たのが通信使の始まりだったんです。その後は友好の歴史を刻むことになりましたが、日本側から見ると、朝鮮通信使の文化度は、仰ぎ見る感じだったようです。そういう記録が残っています。

「通信」とは「信（よしみ）を通す」という意味なんですね。隣の国との友好的な交流が実に200年も継続した歴史は、世界的にも稀だと言われています。

漢字から仏教まで、さまざまな文化が、朝鮮半島経由で日本列島に伝わって来た歴史がありますものね。奈良県や奈良時代の「なら」という言葉は、韓国・朝鮮語で「国」を「ナラ」というので、それが語源となっているという説もあります。古からの長い交流の歴史を伝えてくれるようです。

村山　その文化交流や信頼関係の蓄積が、どこで変わったんでしょう?

朴　明治維新以降、日本が富国強兵、脱亜入欧政策を取り、朝鮮半島を併合、植民地にしていく過程で、日本人の朝鮮に対する意識が変化していったのでしょう。

植民地支配下の土地調査事業（朝鮮総督府による実質的土地略奪政策）で土地を奪われた朝

鮮人もいたし、戦争中に徴用された朝鮮人もいた。貧しい状況下に置かれて日本に働きに行くしかなくなり、日本に渡って来た朝鮮人は、日本人から見たら、いかにも貧しく見えたと思います。朝鮮人は差別してもいい、支配下に置いてもいいという意識が、教育の場も含めて日本人の中に染み入っていった。

一方で、そういう形で朝鮮人を抑えつけているから、非常時には仕返しされるんじゃないかという恐れもあったのでしょう。

官製弾圧が民間の排外主義を焚きつけた

村山　自分とは違うもの、異質なものに対して恐れを抱くのは誰にでもあることですけれど、それが直線的に排他的な態度に結びついていったのでは、いいものなんて何も生まれないと思うんです。本来、違いはあって当たり前のはずなのに。

朴　それを、どのようにしたら出会いの豊かさに変えていくことができるかですよね。

ただ、繰り返しますが、姜徳相先生の研究成果を読み返してみるにつけ、一般の日本人が「この非常時には即、朝鮮人を殺さなくては」となったわけではない。完全に自然発生的な事態ではないんですよね。一般の日本人たちの中から朝鮮人を危険視する気運が起こった部分もあるだろうけれど、そこに作用した大きな力は、やはり戒厳令発動を武器にした警察や軍、官憲のなせるわざであった、官製だった、ということです。

一般の日本人が差別心を持って朝鮮人を殺していたら、本来、警察は制止するはずだけど、制止するどころか警察や軍隊が率先して殺していた。それを見たら、一般の人たちは、朝鮮人は殺していいんだ、殺していい存在なんだ、となってしまいます。

村山　民における従来の差別感情を、官による公的なお墨つきが後押しし、火に油を注いだ形になる。国の施策がそうだったから、一般の日本人がそれに乗っかって虐殺にまで至ってしまった、歯止めになるものが何一つなかった、と。

朴　まさに由佳さんが言われたような力学だったと思います。

朝鮮に対する日本の植民地支配があったこと、官民どちらにも朝鮮人への差別意識と仕返しを恐れる感情があったこと、戒厳令を背景にした官製弾圧が意図されたこと、それが民衆の排外主義を焚きつけて虐殺を煽り、かつ正当化したこと。そういうことだったのではないでしょうか。

村山　だとしても、自警団が朝鮮人狩りをして朝鮮人を大虐殺した罪過は変わらない。その責任問題はどうなるんでしょうか。

朴　自警団のやったことは、自分たちの身を守るための正義とされたんです。戒厳令下、当局から容認されていたわけですから。かなりの人数の朝鮮人が殺害されたけれども、殺した側は結局、罰せられなかった。

村山　いくつか裁判沙汰にはなったんでしょう？

朴　１９２３年9月17日頃から東京で、18日から埼玉で、19日から群馬、20日から横浜、千葉で、自警団員の検束が始まったようですが、無罪や執行猶予になった人が多くて、実刑になった人も翌１９２４年1月の皇太子結婚の恩赦を受けているようです。

村山　それで済まされてしまったというのも、凄まじい話ですよね。

朴　罪に問われた人が、何で朝鮮人を殺して、自分たちがこんなふうに言われなければならないんだと、開き直ったこともあったようです。

大杉栄と伊藤野枝を虐殺した陸軍大尉の甘粕正彦だって、結果的には出世してしまったんですものね。

村山　それについては、私も調べました。

野枝と大杉ばかりか、まだ子どもだった甥の橘 宗一《たちばなむねかず》までも殺した甘粕は軍法会議にかけられて懲役10年の判決を受けますが、大杉たちの虐殺は、彼が思いついたことではなくて、命令を下した誰かをかばって罪をかぶったとしか思えないんですね。そしてバーターとして早過ぎる仮出所があった。なんと3年後の1926年に仮出所、1930年に中国に渡ります。31年の満州事変以後、軍の謀略活動に関与し、満州映画協会理事長などを歴任、45年の終戦直後に現地で自殺しています。

殺された後にも差別があった

朴　甘粕事件が栄転の起点になったかのような観すらあります。

由佳さんの『風よ　あらしよ』がＮＨＫでドラマ化されたとき、朝鮮人がデマで虐殺されたというくだりがありました。ＮＨＫがよくここまで描いたと思って観ていました。やはり物語の力は、歴史認識を変えるきっかけになることもありますね。

村山　あそこまでの描き方は、ＮＨＫのドラマ史上では、はじめてだったらしいです。前に『いだてん』という大河ドラマに関東大震災が描かれていましたが、九州訛《なま》りのある主人公が自警団から詰問される場面がありました。主人公の教え子の父親が、この人は違う、俺が保証するみたいなシーンでした。

朴　前章で私が読み上げた著名人の証言にも、そういうくだりがありましたね。

村山　大河ドラマで、よくそこまで描いたなと思いました。脚本は宮藤官九郎《くどう》さんでしたよね。

朴　『いだてん』はオリンピックをテーマにしたドラマだと思っていましたが、そうだったんですね。

関東大震災の際には中国人もかなり殺されました。その被害者は750人に上り、特に大島町（現・東京都江東区大島）では多くの中国人労働者が虐殺され、社会運動家で労働者のリーダーだった王希天さん（1896年—1923年）も軍により殺害されたといいます。中国人の場合は、名前とか、殺された人の調査がしっかりと入って、実態がかなり分かっているんですよね。

村山　なぜ中国人は、ちゃんと記録されているんでしょう?

朴　それはやはり国家として中国が動いたんです。植民地であった朝鮮の悲哀がそこにあるんじゃないでしょうか。

村山　殺された後にまで差別があったということですね。当時は、情報の伝達手段は主に新聞だったのでしょうね。

朴　当時はラジオもありませんでした。ラジオ放送開始は1925年3月で、大震災のときは9月3日以降、関東をはじめ全国の新聞が朝鮮人暴動の情報を盛んに報じたのです。以前、その新聞記事がパネル展示されているのを、「パネルと写真で見る関東大震災――朝鮮人虐殺と新聞報道」という企画展で目にしたことがあります。

ある新聞の見出しに「鮮人、婦女子を暴行する……」というのがあって、今も鮮明に紙面が思い浮かびます。それらは後で誤報だったと訂正されるんですが、読んだ人たちは信じたでしょう。

村山　それらの虚偽情報を、軍の意向を受けた警察が流したわけですね？

朴　警察自体も貼り紙をしたりして、煽っていきました。次に挙げるのは当時の証言の記録で、「グループほうせんか」がまとめた「関東大震災　韓国・朝鮮人殉難者追悼の歩み」に載っているものです。

「大曲の角の交番の壁に東京日日新聞の号外「『不逞鮮人各所に放火』と」高山辰三

「私が9月2日午後、丸内を通ったとき、某新聞社は盛んに鮮人襲来を宣伝して居たが、これは警視庁から頼まれてやったものとのことである」三宅騏一権力を持った人たちが連携してデマを広めていったというのが実態でしょう。新聞もその一つの道具です。

村山　日本の新聞は虐殺の事実をきちんと報じたんですか？

朴　報じたとは言えません。だから姜徳相先生も、調査するのが大変だった。日本国内に資料がないから、ＧＨＱ資料から調べていったわけです。

ところで、朝鮮人が虐殺されたことに対して、大杉栄の言葉は何か残されているんですか？　本人もすぐに殺されてしまいましたが、もし大杉が生きのびていたら、きっと何か発言したでしょうね。

村山　そうですね。大杉自身には書き残す時間がありませんでしたが、アナキスト仲間が当時の大杉のことを語っていますね。仲間内から、革命を起こすなら、今、この混乱に乗じてやろうという声が起こったとき、こんな混乱時、みんなが困っているときにやるのは革命じゃない、と叱りつけたと。

虐殺の事実を認めようとしない人々

朴　関東大震災100年を迎えて、その間、日本はどう変わったのか、どう変わっていないかについて由佳さんはどう思ってますか？

村山　100年後の今ということになりますが、国を愛するという言葉そのものが、この国では特殊な意味を持ってしまっていると思うんです。本来ならば、自分の生まれ育った国を愛するというのは健全なことのはずなのに、愛国という言葉が、もうそれを聞くだけで極端な右翼を連想させられて、一般の多くの人たちからするとつい引いてしまうような響きを帯びている。しかも、いわゆる「ネトウヨ」にとっての「愛国」に至っては、それはもはや盲信でしかないのではと思わされることもしばしばです。つまり、見たくないことを見ないという作法が、自分たちの愛国心を保つための唯一の方法みたいになっている気がするんです。

朴　見たくないものは見ないし、知りたくないことは知ろうとしないし、認めたくないことは認めない。それはとても歪《ゆが》んだ愛国ですよね。

それとも関わるんですが、関東大震災100年という節目に考えるべきこととして、一つ気になることがあります。

東京・両国の横網町《よこあみちょう》公園に関東大震災の犠牲者を悼む慰霊碑が建てられたのが、大震災から50周年の1973年でした。都議会での賛同を経て建立された碑で、その公園では9月1日に必ず、市民たちによる追悼式典が行なわれてきたんですね。その際、歴代の都知事は、二度とこのような出来事を繰り返さないという決意の下、朝鮮人犠牲者への追悼文を追悼式に送ってきていたんです。石原慎太郎元都知事もそうでした。

ところが、2016年に都知事に初当選した小池百合子知事は、当選年にはそれまでの知事と同様に追悼文を出したものの、翌17年からは7回連続して出していません。「犠牲となったすべての方々に大法要で哀悼の意を表しており、個々の行事への送付は控える」というのが理由だそうです。

村山　政府は今（2023年）の時点で、朝鮮人虐殺について「政府内に確認できる記録が見当たらない」との立場を取っていますが、先ほどから慶南さんが読み上げてくださった当時の人々による多くの証言を見ても、それにGHQの記録を見ても、それが事実だったということは容易に「確認できる」わけですよね。あったことをなかったことにする、そしてそれを喜んで認めてしまう社会の動きというのが、本当に気になります。

朴　毎年、9月の第1土曜日、市民たちによって、東京の墨田区八広《やひろ》にある荒川河川敷で犠牲者たちの追悼式が行なわれてきました。関東大震災100年目の2023年が42回目でした。

この荒川にかかる木根川橋（旧四ツ木橋）の一帯は、多くの犠牲者が出たところです。追悼式には私もできるだけ参加していますが、河川敷の草むらに足を下ろすと、危うく殺されかけた私の祖父や実際に殺されてしまった人たちを感じるような気がして、いつもこみ上げてくるものがあります。

元々の始まりは、絹田幸恵さんという近隣の小学校の先生が、教材のために荒川放水路開削工事の様子を訊いてまわっていたときに、お年寄りからたまたま聞いたこんな話からでした。

「関東大震災のとき、旧四ツ木橋の下手の河原では10人くらいずつ朝鮮人をしばって並べ、軍隊が機関銃で撃ち殺したんです。橋の下手に3カ所くらい大きな穴を掘って埋めた。ひどいことをしたもんです。今でも骨が出るんじゃないかな」

その遺骨を掘り出して供養しようと、「関東大震災時に虐殺された朝鮮人の遺骨を発掘し追悼する会」が作られ、発掘作業が行なわれてきました。

村山　先ほども言いましたが、ここでもネトウヨと呼ばれる人たちは、骨が見つかっていないとか、一部をことさら取り上げて、ほら、やっぱりでっち上げじゃないかと、事実と向き合うことなしに、すぐにそういう論調になるじゃないですか。何でなんだろうって思います。それと、あの石原慎太郎元都知事ですら追悼文を出していたのに、何で小池都知事が出さないのか。歴代都知事がずっと出してきたメッセージを出さないというのは、逆に強烈なメッセージじゃないですか。

朴　何か意思表示のように感じてしまいますよね。

村山　虐殺があったという史実は確認できておりません、といったご本人の発言もありましたが、確認はいくらでもできるのに堂々と嘘をつく。公式の歴史事実としては認めません、と言っているわけですけど、本当になかったんだと信じたい人々にとっては好都合なんでしょうね。

追悼文を出さない小池都知事

朴　２０１７年3月2日、小池さんが初当選の翌年ですが、東京都議会で古賀俊昭さんという自民党議員が、横網町公園に建つ朝鮮人犠牲者追悼碑に「誤った策動と流言飛語のため六千余名に上る朝鮮人がとうとい生命を奪われました」と記されていることについて、事実に反すると難癖をつけています。

ノンフィクション作家の工藤美代子さんの『関東大震災「朝鮮人虐殺」の真実』（産経新聞出版、２００９年）という本を持ち出し、「不法行為を働いた朝鮮独立運動家と、彼らに扇動されて追従したために殺害されたと思われる朝鮮人は約八百人、また、過剰防衛により誤って殺害されたと考えられている朝鮮人は二百三十三人だと調べ上げています」として、追悼碑の撤去を含む改善策を求める質問をしています。殺されたのは、不法行為を働いた朝鮮人の独立運動家などと、彼らに煽動されて追従した人々であって、殺されたのはしょうがない、という立場からなされた質問ですよね。

虐殺の原因と責任を犠牲者になすりつける、とんでもない質問ですが、そういったことも小池都知事の判断に影響を与えたのではないかと言われています。

村山　小池都知事は、その都議のトンデモ意見を聞き入れたということ？

朴　質問に対して小池都知事は、「追悼碑にある犠牲者数などについては、さまざまなご意見があることも承知はいたしております。都政におけますこれまでの経緯なども踏まえて、適切に対応したいと考えます」としたうえで、追悼文については「これまで毎年、慣例的に送付してきたものであり、昨年も事務方において、例に従って送付したとの報告を受けております。今後につきましては、私自身がよく目を通した上で、適切に判断をいたします」と答えている。
　その結果、追悼文は現在に至るまで出していないんです。

村山　彼女の周辺には、意見するような人もいないんですかね。

朴　まともな側近がいないんでしょうね。
　それにしても、虐殺の原因として、不法行為を働いた独立運動家とそれに煽動された者たちだから殺されてもしょうがなかったというようなことを、よくも恥ずかし気もなく言うと思いますよ。

村山　そもそも、独立運動家ならその場で殺してよいという主張がおかしいとは思わなかったのかしら。そんなトンデモ意見を元にして、「よく目を通した上で、適切に判断をいたし」た結果が今のこれですか。ちなみに追悼文は、歴代ほとんど申し送りで同じ文面だったんですか？

朴　踏襲されているんでしょうね。石原慎太郎元都知事ですら出してきたわけですから。

村山　小池都知事を見ていると、こう言っては何ですが、自分の代で変わったことをやって目立ちたいみたいな卑小な意図すら感じる。

朴　そういうスタンドプレーみたいなのもあるのかもしれない。朝鮮人虐殺の事実など、そのネタでしかないんでしょう。

古賀議員は2020年に亡くなっていますが、略歴を見ると、三島由紀夫（1925年―1970年）を理論的指導者として仰いだ民族主義運動の団体、日本学生同盟に学生時代から加入し、祖国再生運動に参加した、となっています。私たちは注視してきませんでしたが、そういう人たちが都議会にいて、声を上げてきたんですね。

村山　耳を傾けるべきはそういう人たちの声じゃないはずですよね。でも、今の世の中の流れとして、政治家には、むしろヘイトの方向で強い発言をしてみせた方が、国民のある種の層を確実に取り込めるといった計算もある気がします。嘆かわしいことだけど。

歴史を改竄《かいざん》する暴力的な力

朴　慰安婦問題の否定を大きなテーマとして1997年に結成された「新しい歴史教科書をつくる会」や、その支援をしようと作られた安倍晋三元首相らの「日本の前途と歴史教育を考える若手議員の会」などから「自虐史観批判」が始まっていますが、それらの流れから出てきた問題とも言えます。
しかし、独立運動家に煽動された人だったとしても、彼らが殺されても仕方なかったみたいなことは、言えないはずです。

村山　百歩譲って、たとえそうであっても追悼すべきでしょう。

朴　そういう真っ当な理屈が通らないんでしょうね。

村山　石原慎太郎さんがこのことをどんなふうに認識していたのか、訊きたかったくらいです。

朴　石原慎太郎元都知事は、2000年に陸上自衛隊を前に、「三国人発言」をしていますよね。「三国人」というのは朝鮮人と中国人（特に台湾人）を指します。

「三国人、外国人が凶悪な犯罪を繰り返しており、大きな災害では騒擾《そうじょう》事件すら想定される。警察の力に限りがあるので、みなさんに出動していただき、治安の維持も大きな目的として遂行してほしい」（朝日新聞2000年4月10日付夕刊）

石原元都知事の考えは、この発言の延長線上だったのではないでしょうか。追悼文を出したのは、今までもやっていたのなら出しとけば、くらいじゃなかったかと。あるいは、さすがに世代的に、朝鮮人虐殺の事実だけは認識していたのかもしれない。

村山　小池都知事は石原慎太郎さんですら送っていた追悼文をやめることで、選挙に有利になるとか、計算があるんでしょうか。

朴　今、日本の過去の負の歴史を刻んだ石碑が壊されたり、記念碑に書かれた反省の言葉を消そうとするような具体的な動きが至るところで、さまざまに現れていますよね。

地方議会にいる右派議員が、「何だあれは、朝鮮人を強制連行したなどというのはおかしい、あんな碑は撤去しよう」と言い出すと、行政側が事なかれ主義で対処するというようなケースがあちこちにあるらしい。一昔前は、そういう負の歴史を直視する、教科書にもそういう歴史を書くという態度がまだありましたが、安倍政権以降、加害の歴史をなかったことにしようとする潮流が加速されていますね。

「日本は誇りの持てる美しい国であってほしい」などという、一種の幻想を求めるようになってしまった。幻想と言えば聞こえはいいですが、これは他者との関係を無視する傲慢な発想だし、歴史を改竄する暴力的なことだと思いますよ。

村山　「美しい」に中身がなくて薄っぺらで、張りぼて感がすごい。

朴　歴史を軽視していては内実が生まれようがないですよね。

歴史認識の問題で言えば、かつては自民党の政治家だって、日本の近現代にアジア諸地域に対する加害の歴史があったことはよく知っていて、特に戦争体験者は肌身で感じ続けていて、それを前提に政治活動をしていた人がそれなりに多かったですよね。
村山　自分自身の見てきたことを、なかったふりはできませんものね。
朴　その認識が日本社会のさまざまな場面から消し去られつつある。

大川常吉さんは朝鮮人を守った

朴　でも、悲観ばかりしてはいられません。ここからは希望の持てる話をしたいと思います。先ほどから戒厳令をバックにして、軍や警察、自警団が一緒になって朝鮮人を殺したという史実を語ってきました。でも中には、そういった上意下達の組織や、流言飛語が生み出すパニック下にあっても、何人もの朝鮮人を匿ったり、助けたりした警察官もいたんです。その一人が、神奈川県警鶴見警察署長の大川常吉さんです。
村山　慶南さんが発掘された方ですね。
朴　地域では知られていましたが、私が本で紹介したことで広く知られるようになったようです。だからその後、私は逆に同胞から批判を受けることもありました。つまり、大川さんの話が、『教科書が教えない歴史』（藤岡信勝／自由主義史観研究会、産経新聞ニュースサービス、1996年）という右寄りの本に掲載され、こんないい日本人がいたんだ、やはり日本人は誇るべき存在だ、ということの象徴みたいに語られるようになった。

村山　大川さんの存在が、朝鮮人虐殺を打ち消す免罪符みたいに使われてしまった。

朴　そうなんです。それで問題になったんだけど、大川さんについては何度でも振り返るべきだと思っています。さらに多くの人に知ってもらいたいですね。

村山　どんな話か、ひととおりお話しいただけますか。

朴　そうですね。どうして大川さんの話を書くことになったか、というところから始めます。

日本で生活する在日韓国・朝鮮人をテーマにした、あるテレビ番組の取材で、川崎市の桜本に李仁夏《イインハ》牧師を訪ねました。もう30年以上前になりますね。その以前から私が尊敬していた方ですが、韓国から16歳で来日後、桜本に根を下ろして教会活動をされながら、「桜本保育園」を開かれたばかりのときでした。

李先生はご自身のお話を語ってくれながら、「そう、そう、この近くにとてもいい話がありますよ。光であり、希望の持てる話です。慶南さんが文章にして、ぜひ広く伝えてください」と言われたのが、大川常吉さんの話なんですね。大川さんは大震災当時鶴見の警察署長さんで、暴徒から朝鮮人を保護して救った、というんです。

村山　それを目撃した人がいたんですね。

朴　門司亮《もじりよう》さん（１８９７年―１９９３年）です。門司さんは大川さんが暴徒から朝鮮人を救った場面の目撃談を、付近の小学校の子どもたちに歴史発掘の勉強みたいな場でされたり、おうちにまで来る子どもたちの質問に答えてあげたりしてらしたそうです。

私もそのときのお話が詳しく知りたくて、94歳になられるという門司さんのご自宅を訪ねました。体調がすぐれず床についておられたんですが、布団に座られると、背筋を伸ばしてお話をしてくださったんです。

村山　まさにギリギリの証言でしたね。

朴　そうですね。そのときにお会いしてお話を聞くことができ、本当によかったと思います。門司さんは大震災当時、製鉄所の職工さんだったらしいんですが、震災後、道端に朝鮮人が殺されて死骸が積み上げられているのを見て、なんてむごいことをするんだろうと思いながら歩いていたら、鶴見警察署の前にすごい人だかりが。いったい何だろうと思って近くまで行き、次のような光景を目撃したらしいんですね。

さまざまな武器を手にした群衆が暴徒と化して、鶴見警察署に押しかけていた。その数1000人と門司さんはおっしゃっていましたが、そこははっきりしません。ただ門司さんからは、そう見えるほどの多人数だったんでしょうね。群衆は「朝鮮人を殺せ」と大声で叫んでいたそうです。

そのとき、鶴見署には、朝鮮人220人、中国人70人らの計290人余りが保護されていました。

村山　引き渡せば確実に殺される人たちですよね。

朴　門司さんによると、群衆と大川署長との間で激しいやりとりがあった。群衆は「朝鮮人が井戸に毒を入れた」と引き渡しを要求してきたのに対して、大川さんは「どうしてみなさんに朝鮮人を渡さなきゃいけないんですか」と言って、みんなの見ている前で井戸水を飲んでみせた。そして「どうですかみなさん、自分はこれだけ井戸水を飲んでもぴんぴんしています。みなさん、井戸に毒は入っていなかったのです」と言ったらまた声が上がった。

「何人《なんぴと》であろうと、人の命に変わりはない」

って、「朝鮮人が暴れたらどうするんだ」と。それに対して大川さんは「君らがそれほど言うことをきかないなら、是非もない。朝鮮人を殺す前に、まずこの大川を殺せ！」と一喝したそうです。

門司さんによると、大川さんのその体を張った説得に、殺気立った群衆の興奮も治まり、みんな帰って行ったたって言うんですね。

村山　土壇場でその気迫と機転はすごいですね。当時の警察署にはほかにあまり署員がいなかったんでしょうか。

朴　警察官は本当に少なかったんですって。だから群衆がそのままなだれ込んできたら、かなりの犠牲者が出たと思うんですが、そのときは一人の犠牲者も出さずに済んだ。同じ神奈川県内のほかの警察署の資料を読むと、いったん警察に保護されても引きずり出されて殺されたり、怪我《けが》を負った朝鮮人もいたし、警察官も負傷したという記述があります。でも鶴見警察署では、そういうことも起きなかった。門司さんはその現場を見て、すごく感銘を受けたと言っていました。

村山　いったん群衆が引きあげて、その後どうなったのでしょうか。

朴　大川さんのその後の判断、行動も称讃したいんです。ここに朝鮮人たちを置いておくと危ないと、横浜港から船に乗せて神戸港へと送ったというんですね。ですから完全に安全を守り抜いたわけです。

村山　すごい話ですね。でも、一つ間違えば自分の身も危うかったでしょうに、よくそこまでのことができましたね。

朴　門司さんが大川さんに、「どうして署長は、そこまでして朝鮮人を助けようと思ったんですか」と訊いたそうです。その問いかけに大川さんは、「日本人であろうと朝鮮人であろうと何人であろうと、人の命に変わりはない。自分の仕事は人の命を守ることだから、それは当たり前のことです」と答えたんだそうです。

何人であろうと、どの命も一緒だというのはすごい。当時、植民地支配下に置かれていた朝鮮人に、命の重さはなかったんです。だから、あんなふうに無惨に殺されていった。殺されても、そのことに対して抗議してくれる自分の国がなかった。朝鮮人の命は限りなく軽かった時代です。日本人の命も朝鮮人の命も同じで、自分の仕事は人の命を守ることだという、大川さんの仕事に対する自負心が素晴らしいと思いました。

その言葉を聞いた門司さんは感銘を受けて、その後、社会主義者として労働運動から民社党の代議士となって活躍された。衆議院議員を10期務められたそうです。やはり大川さんを教訓として大きな影響を受けたとおっしゃっていましたね。

流言飛語と群衆の興奮に迎合しない勇気

村山　門司さんからすると、自分の一生を決定づけた、忘れえぬ目撃体験なんですね。

朴　私は門司さんからこの話を聞いて、大川さんへの尊敬の念を深めました。どの命も一緒だというのは命の尊厳に対する敬意です。大川さんの土壇場の知恵もすごい。井戸に毒が入っているに違いないと群衆が頭に血が上っている中で、井戸水を運んで来させて、目の前で飲んでみせる。体を張った証明ですよね。大丈夫だ、井戸に毒は入っていない、と。それでみんな納得したんですよ。

咄嗟の知恵に感銘を受けたのと、あと勇気ですよね。暴徒と化した群衆の前にたった一人で立ち向かっていった勇気、流言飛語と群衆の興奮に迎合しない勇気、「朝鮮人を殺す前に、この大川を殺せ」とまで言い切る勇気。みんなが毒が入っていると言う中で、自分は違うと思ったら少数であっても自分が正しいと思うことを貫いた。

冷静沈着さも傑出しています。地震直後のパニック下で、みんながデマに煽られて常軌を逸しているときに、冷静に対応した。流言飛語を見抜く目も持っていた。

村山　大川さんはそもそもどんな人だったんでしょうか。

朴　ノンキャリアで、庶民の中に分け入っていくような人だったらしい。大震災の後、鶴見から大磯《おおいそ》警察署に移った大川さんは、最後は厚木警察署で1927年に比較的早く警察を退官し、1940年、63歳で死去されています。大川さんのお孫さんの大川豊さんは、早期退官はたぶん、震災時の行動が問題とされたのではないかとおっしゃってました。

村山　でも、助けられた方々にとって大川さんは、文字どおり命の恩人ですね。

朴　大川さんの下には、助けられた朝鮮人からの感謝の手紙や感謝状が届いたそうです。横浜市鶴見区の東漸寺《とうぜんじ》という菩提寺《ぼだいじ》に大川さんのお墓があるんですが、そのお墓のそばに、戦後、朝鮮人たちが大川さんを顕彰する石碑を建てました。現在、石碑は移されて、本堂のわきにあります。

歴史認識こそが人と人をつなぐ

朴　私は大川さんの話を『ポッカリ月が出ましたら』（三五館、1992年）という本に書きました。そうしたら、本当にいろいろな学校で教材に使ってくれたみたいで、自分も大川さんのような行動ができる大人になりたいとか、人を差別する人間にはなりたくないという感想文が多く寄せられました。

村山　韓国でも反響を呼んだとか。

朴　そうなんです。この本を韓国の書店で手にしたというソウルの病院の理事長さんから、私の自宅に国際電話がありました。医師でもある金東熙《キムドンヒ》さんという人からでした。大川さんの話に感銘を受け、大川さんの民族も国境も超えたヒューマニズムは、韓国と日本を結ぶと話され、この話を病院の職員に講演してほしいという依頼でした。もちろん私は喜んで承諾したんですが、その際に金理事長から、同胞を守ってくれた大川さんへのご恩返しとして、大川さんのご家族を韓国に招待したいと言われたんです。

村山　息子さんは、この話が広まることに、あまり乗り気でなかった方ですよね。

朴　実はそうでした。横浜にお住まいの大川さんの息子さんは70代で、体調に不安があるとのことだったので、お孫さんに当たる大川豊さんにお声をかけたんです。豊さんは大震災当時の大川さんと同年齢の46歳で、東京で会社員をされてました。

「韓国の方が、あなたの祖父である大川常吉さんがなさったことに感謝され、ぜひ韓国にご招待したいとおっしゃっています。ご一緒に行きませんか」と私が伝えたら、大川豊さんが「いいんでしょうか」とためらうので、「どうか、韓国の人からの感謝の気持ちを受けとめてあげてください」と強く後押ししました。

そして韓国のソウルを私たちは訪れたわけですが、そのとき受けた歓待は今も胸に刻まれています。

村山　韓国の方々もはじめて知ったことだったんでしょうね。

朴　それだけに感動も大きかったようです。私の講演が終わると司会者が、「今、この会場に、朴慶南さんが紹介してくださった、私たちの同胞を関東大震災のときに命がけで救ってくださった大川署長のお孫さんがいらしてくださっています。お孫さんからご挨拶をいただきましょう」と言って、大川豊さんにマイクを渡した。そのときの言葉が忘れがたいものでした。

「みなさま、ありがとうございます。昔、祖父がしたことを感謝してくださって、私まで韓国に招待されてこんなにも歓迎を受け、お礼の言葉もありません。しかし私は思います。祖父は、そんなに褒められるようなことをしたんでしょうか。私は違うと思います。私の祖父がしたことは、人びとの命と安全を守る、保護するという、警察官として普通の当たり前のことなんです。

それではどうしてその普通の当たり前の祖父の行動が美談になって、朝鮮の方たちに石碑を建てていただいたり、朴慶南さんが本に書いてくださったり、私まで韓国に招待されてこんなに歓迎されているのかと考えたときに、私は思いました。それは当時、日本人が韓国（朝鮮）の方たちに、あまりにもひどいことをし過ぎたので、当たり前の普通のことまでも褒められるような美談になってしまったんです。ですから、日本人の一人として私がみなさまに申し上げる言葉は、この言葉しかありません。ミアナムニダ」

大川豊さんは最後に韓国語でそう言うと、聴いていた韓国の人たちに深く頭を下げられた。

「ミアナムニダ」は、「ごめんなさい」という韓国語なんですけど、韓国に来てから大川豊さんが私に韓国語を教えてというので、「カムサハムニダ」（ありがとう）、「アンニョンハセヨ」（こんにちは）、「ミアナムニダ」などを教えたんですが、ここで使いたかったんだなと思いました。会場からは大きな拍手がわきました。

村山　歴史を正しく踏まえた、なんて見事な挨拶でしょう。

朴　自分の祖父が朝鮮人を助けてあげた、いいことをしたという視点から見るのではなく、むごくつらい状況にあった朝鮮人の側に身を置いて、その痛みを感じ取り想像する力、そして客観的な歴史認識の大切さを、大川豊さんが改めて指し示してくれたようでした。私も会場で胸を熱くしました。

その後、私は講演の中で大川常吉さんの話に続けて、このときの大川豊さんの言葉を必ず伝えるようにしています。感想文などを見ると、特に学校の生徒たちは大川常吉さんの話に感動と教訓を得ながら、大川豊さんの言葉でより視野を広げ、考えを深めたことがうかがい知れます。

東漸寺に大川常吉さんを顕彰する碑があることは話しましたが、そこに韓国の中学生たちが訪れたことが新聞記事に載ってたんですね。その中学校の先生は「『虐殺という過ちがあった一方で、助けた人がいたのも真実。歴史の両面を学ぶことが大切』と強調。生徒たちは『虐殺に加担した人も多かった中で、守ろうとした行動は尊敬する』『悲しい出来事が二度と起きないようにしたい』などと話していた」と書かれていました。

村山　大川さんの話は、いわゆる「美しい日本」を喧伝《けんでん》するためにではなく、悲惨な歴史をきちんと見つめて、それを超える人のつながりを探る大切な手がかりになりますね。

朴　そう思います。この新聞記事の引用で触れた韓国の中学校の先生が、「助けた人がいたのも真実」と語ってましたよね。大川さんの話を中心にしてきたけど、当時、朝鮮人を守ったり、助けたりした日本人は表に出ていないだけで、少なくなかったと思う。助けた人がいたからといって、朝鮮人の虐殺が帳消しになるわけは決してないけど、自分の行動の指針として、そういう存在にもしっかりと心を寄せていきたいと思ってます。何より、人間への信頼感をつなぎ、よみがえらせてくれますよね。

大川常吉さんは、横浜鶴見署の署長でしたよね。同じ神奈川県の川崎署でも、太田清太郎署長（当時47歳）が、井戸水を持って川崎署に押しかけた群衆に「流言はデマだ」と言って、その井戸水を飲んでみせ、49人の朝鮮人を保護したとのことです。

また、これは新聞の記事で知ったことだけど、栃木県小山市の駅前で列車に乗っていた朝鮮人が引きずり降ろされ、群衆に暴行されていたのを、「こういうことはいけません」と大きく手を広げ、身を挺《てい》して守った女性がいたといいます。駅前で米屋さんをしていた大島貞子さんという40代の女性でした。同じ女性として、勇気をもらえますね。

次の記事にも目が引きつけられました。２０１６年9月1日の日付なので、少し前の記事ですね。東京新聞の「こちら特報部」という紙面の下に、「デスクメモ」という小さなコラム欄があります。こんな内容でした。

「関東大震災の際、追われた朝鮮人を救った人物もいた。いまなら『反社会的勢力』とされる博徒の倒政一家初代総長である。多数の朝鮮人をかくまい、子分が自警団と対決した。『おまえは日本人の敵か』という罵声にも動じなかった。下層民衆の倫理が『市民感情』より勝っていた」

博徒に、弱い者を助けてやろうという義侠心があったのかもしれませんが、社会的に抑えつけられ底辺にいる者同士というところに、通じ合うものがあったのかなと、推し測るばかりです。一方、普段は良き市民と言われる人たちが、暴徒と化してしまうところとの対比が目を引きますよね。

第3章　伊藤野枝の恋と闘い

――『風よ　あらしよ』をどう読むか

伊藤野枝と村山由佳は似ている？

朴　由佳さんの大変な力作『風よ　あらしよ』についてお話ししたいと思います。この作品を書かれたのは、どういうきっかけだったんですか。

村山　私は本当に編集者に恵まれていると思っています。作品のテーマって、私だけでは目配りがなかなか行き届かなくて、次にどんなハードルを飛び越えたらいいか、自分では見えていないものなんですけれど、あの本に関しては、旧知の編集者たちから、村山さんに書いてほしい人物がいるんですよと言われたんです。

ちょうど、アナキズム研究を専門にされている政治学者の栗原康《やすし》さんが『村に火をつけ、白痴になれ　伊藤野枝伝』（岩波書店、2016年）というすごいタイトルの野枝の評伝を出されていた。評伝といっても、客観性を価値とする旧来のものとは異なり、途中で野枝を応援する栗原さんの声が入っちゃうみたいな、型破りの一冊なんです。「やばい、しびれる」とか「そうだ、かましたれ」みたいな言葉が地の文に入るんですよ。

朴　ええっ、そんな言葉が本当に？

村山　そう、入っているの。みんなが栗原さんの本が面白かったと言っていて、ある編集者が「野枝には村山さんと重なるところがいっぱいある気がする。ぜひ村山由佳が描いた伊藤野枝を読んでみたい」と言ってくれたんです。野枝のことは日本史の教科書と、瀬戸《せと》内寂聴《うちじやくちよう》さんが瀬戸内晴美だった頃に書かれた『美は乱調にあり』（文藝春秋、1966年）で読んだことがあるくらいだったから、最初は、何で私が野枝をって思いました。

朴　担当編集者が、野枝と由佳さんに共通項があると思って、それで書いてほしい、と。

村山　そうですね。村山さんの生き方と似ている気がすると言うんです。

朴　どういうところが似ているのかな。

村山　別に私はそこまであからさまに反体制的というわけでもないのにと思ったんですが、でも野枝に関する資料を改めて読んでみると確かに、節目節目で判断して進んで行く道が似ているんですよ。

朴　進んで行く道というのは？

村山　何が我慢できなくて男の人とダメになるかとか、恋愛がうまくいかなくなったとき、どこに脱出口を見出《みいだ》すかとか、そういうことです。

朴　なるほど、恋愛がらみの進路ですね。

村山　あと、どうしても譲れないものは何かとか、人生において書くことを何よりも優先してしまうところとか。そういうポイントが似ていて、ただ私はどんなときでもあまり怒りを表現しない方なんですけど、野枝はそれをあからさまに表すんです。

朴　ストレートに出しますよね。

村山　私は最初、そのストレートな怒りの表明には半ばイライラしながら、半ば憧れるという感じがあり、でもそのうち、なるほどこれは書くにはなかなか手ごわい相手だけれど、手応えがありそうだなと思うようになりました。

でも踏み出すまでは大変でした。そもそも歴史小説なんて書いたことなかったし。

朴　資料の読み込みも必要ですものね。

村山　そう、それは絶対に必要です。広げる資料が多すぎて、机が狭い！　とイライラしました（笑）。

朴　そのうえで『風よ　あらしよ』を読んでいると、歴史的な人物や事実を資料を元に再構成したという次元を超えて、それぞれの人物が生き生きと立ち上がり、情景があざやかに浮かんできます。そこは見事としか言いようがなくて、すごく工夫されたんですね。

村山　実は準備段階の途中までは、それがなかなか見えなかったんです。寂聴さんが、野枝と大杉を書かれた……。

朴　『美は乱調にあり』は、もはや古典的名作と言っていいのかもしれません。

村山　『美は乱調にあり』、そして『諧調は偽りなり』（『美は乱調にあり』続編、文藝春秋、1984年）をお書きになった寂聴さんは、野枝や大杉と深い縁のあった社会主義者の荒《あら》畑寒村《はたかんそん》とも戦後ずっと親しくされていて、抵抗者たちの近現代史を体感として理解されていたと思うんです。何しろ99歳まで生きた方ですから、当時の情景にしても、ご自分の目で見てご存じだったわけですよね。

それに比べて私は、何を描写するにも、たとえば当時の部屋の中の光源が何であったかも分からないわけです。このときこの村には電気通っていたの？　それとも行灯《あんどん》だったの？　と、そこからいちいち調べなくてはいけないレベルですから、歴史を描く、遥《はる》か以前という感もありました。

進歩的な女性たちが野枝を見下した

朴　そこから、人物が歴史の舞台を縦横に動き出して、息づかいまで伝わってくるようなあの作品が書かれるまでに、どんな過程があったのか知りたいです。

村山　人と景色が見えてくるまで、すごく苦労したんですが、あ、これは書けるかもと思ったのは、ある一つの証言からでした。

関東大震災発生半月後、大杉と野枝と甥の宗一少年が憲兵に捕まるときのことです。直前に野枝は、家で待つ家族や仲間のために梨をいくつか買った。でもその後、宗一少年が手にしていたリンゴを取り落としたところを見た、という証言があったんですよ。それを知ったとたん、物語の冒頭のシーンが決まりました。野枝が憲兵に肘をつかまれ、それを振りほどいて一歩下がると、宗一少年にぶつかって、彼の手から真っ赤なリンゴが落下し、埃《ほこり》っぽい地面を転がっていく。

朴　映像が浮かぶとともに、色がくっきりと見えますよね、リンゴの赤い色が。そこからイメージが広がっていったんですね。

村山　そうなんです。映画なんかでモノクロの画面にぶわっと色がついていくときのような効果が、私の中でありました。だから執筆は、そのリンゴから始まったという感じだったんです。

朴　すごい。小説家ならではの感性で、隠された歴史に入っていかれたんですね。

村山　ここからなら入れるかも、と。そうして調べていって、野枝について知るうちに、不思議でもあり、腹が立ったこともありました。彼女が亡くなった後、かつて盟友であった女性たちが、彼女のことを、持って回った言い方で、どこかさげすんでいるんですね。かわいい人だったけれど、彼女には思想なんてものは本当はあまりなかった、みたいな口調なんです。

朴　何か見下しているような言い回しですね。

村山　農夫の妻が夫について畑に出て行くようなもので、彼女が金持ちと結婚していたら金持ちのように、ブルジョアのように振る舞っていただろう。別に思想があったわけではなく、関わる男が言っていたことに寄っていただけで、彼女自身のものではなかった、みたいなことを、平塚らいてうも野上彌生子も、それぞれ追悼文の中で書いているんです。

朴　そんなふうに野枝のことを見ていたとしたら、本当にがっかりします。野枝の人格を認めず、死後も傷つける言葉ですね。

村山　え、そんなふうに裏切るの？　と思いました。そして、どれほど多くの資料に当たって歴史と人間を捉えようとしても、誰の、どういう視線に照準を定めるかによって事態は違って見えてくるわけだから、すべてを疑ってかかる必要もあると感じたんです。

朴　なるほど。当然なのかもしれないけれど、女性たちも一体だったわけではなくて、さまざまな亀裂があったわけですからね。

村山　そうなんです。野枝をどこか否定的に語った女性たちは、別に官憲に対する恐怖から、忖度《そんたく》してそういうふうに書いたわけではなくて、彼女たちは実際に野枝をそういうふうに見ていたんだと思うんです。

今のことに目を転じると、たとえば伊藤詩織さんが性的暴行の被害者として声を上げたとき、男性からだけでなく女性からもバッシングを受けましたよね。

朴　バッシングの急先鋒の何人かは、残念なことに女性でした。

野枝は体で社会主義の真髄を知っていた

村山　女性がハイヒールやパンプスの着用を義務づけられていることに対して、何でこういうことを我慢しなければならないんだと抗議する社会運動を、「#MeToo」にならって、「靴」と「苦痛」にかけて「#KuToo」をキーワードにして始めた人も、SNS上などで、やはり女性から足を引っ張られたりすることがけっこうあったようなんですね。

あるいは、体を売るしかない境遇に置かれている女性たちに、まずは望まない妊娠を防いだり病気から身を守るために、せめてコンドームを配ろうという運動が起こると、それに対して同じ女性の側から、売春を肯定するのか、というような言い方で批判が寄せられたりといったことが、現象としてしばしば見られるんですよ。

それが私には、野枝を認めたくなかった女性たちの精神構造と似ているのかもしれないと思えました。自分が我慢してきたことを我慢しない人とか、抑圧に抗議して突出する人とかに対するバッシングが同性から噴出するというのは、悲しいことだと思う。

そうして、死人に口なし状態になっている野枝をかばってやりたくなってきたんです。

朴　私も同感です。野枝は時代の中で男性社会に抗っていったわけだけど、平塚らいてうをはじめとするほかの進歩的な女性たちって、あの時代に、みんな高等教育を受けられた恵まれた階層じゃないですか。由佳さんの作品を読むと、それに対して野枝は足をしっかり大地に下ろして、底辺からの生命力で抵抗したような印象があります。当時は、封建的で家父長的な男性優位社会ですよね。女性の権利などほとんど顧みられない時代に、自分を果敢に出して道を見つけていく生き方が力強く描かれていました。

村山　物語の中であえて、野枝が「組合」の話をするシーンを書きました。自分の村にはお互いに助け合う「組合」があって、駐在所（警察）どころか村役場だって必要ないくらいだった、と。野枝は、そういうことをよく分かっていたと思うんです。

朴　その「組合」は、相互扶助の共同体のようなものですよね。

村山　まさにそうですね。

これは想像ですけど、彼女は村の共同体の隣組みたいなシステムの中で過ごしてきて、それが嫌で村を飛び出したわけだけれど、実は彼女こそ、体で共同体の大切さや社会主義の真髄を知っていたのではないかと。

朴　そうだったんだと思う。頭でっかちになりがちな進歩派とは違い、彼女からは下から突き上げてくるリアルな生活観が伝わってきて、その辺が本物の感じがします。私の中では、本当の野枝と、由佳さんが描いた野枝が一体化しているきらいはありますが（笑）。

村山　野枝の語る言葉は、アナキストや社会主義者の男性たちと同じだったから、言葉が空回りしているように見えたかもしれないけれど、でも実は肌で分かっていたんじゃないかと思います。理想の共同体では、警察はいらない、役所もいらない、と。

相互扶助的な共同体の大切さ

朴　自分が逃れ出た村の共同性の内に、理想のヒントを見出したというのもいいですね。

村山　言ってみれば、当時の社会主義者たちにとっての理想が、社会主義のつもりもなくそこに体現されていたということだったと思うんです。でも、そこで暮らしていたときには窮屈で、まわりが自分を見張っているような、見張り合っているような息苦しさを覚えて、自分はそこから飛び出したわけだけど、でも実は、いざ改めて考えてみたならば、権力に委ねるのではなく、自分たちで自分たちを律することができるのならそれに越したことはない、と。

朴　本当にそうだよね。

村山　というふうなことを、史実にはないんですが、野枝が仲間に、うちの村には組合っていうのがあってねって言う場面を書いたんです。

朴　実際にあったんじゃなくて、野枝なら言いそうだなということで書いたんですか。

村山　野枝の故郷である福岡の糸島郡今宿村（現・福岡市西区今宿）に相互扶助的な組合があったのは事実です。野枝はそのことを「無政府の事実」という文章で書いています。

ただ、彼女がそれを仲間に語ったという史実はないんです。

朴　そこに由佳さんの思いが具現化されているのね。野枝を受け止めた由佳さんが、野枝に乗り移って書いた合作と言ってもいいと思う。

村山　ちゃんと評価されたとは言いがたい野枝のために、どうしたら私が想像する彼女の思いを語れるかなと考えたとき、故郷の「組合」の話を彼女に語らせておいて、死んだ後、身近にいた村木源次郎に——村木は私の「推しキャラ」なんですが——、社会主義というものを最も身体で知っていたのは野枝ではなかったかと語らせたわけです。

朴　頭で考える社会主義ではなくて、いわゆる主義主張じゃなくて、その理念そのものを野枝が体現していたんですよ、という形でね。

村山　というふうなことを、どうしても読者に伝えたくて。

朴　由佳さんは、野枝に命を吹き込みましたね。

村山　ありがとうございます。そう言っていただけると本当にうれしいです。

寂聴さんがお書きになった『美は乱調にあり』『諧調は偽りなり』を読むと、すごい力作であり労作なんですけど、寂聴さん、野枝があまり好きじゃないんじゃないかという感じも伝わってくるんですよ。もしかすると同族嫌悪だったのではなかろうかという気もする。子どもを置いて出奔して、好きな人と一緒になるみたいな軌跡も、重なると言えば重なるし。

でも、恋ってそんなものでしょうという気持ちも私にはあります。惚《ほ》れた男のそばに行った野枝が、子どもを育てながら自分の思想に基づいてたくさんの著作を残し、当時の社会の底辺にいる人たちのためにがんばって運動を続けたことは、やはりすごい。ときには女工さんから疎まれて、インテリのくせに何が分かるんだと罵られて悔しい思いをしながらも、何とかして彼女たちに教育を、ものを考える土台になる力を与えようとして一生懸命になった野枝の純粋さは認めたいと思うんです。

私自身は、野枝と友だちになりたいかと言ったら微妙だし、そばにいたらしんどい人だったと思うけど、でも、かばってやりたいっていう気持ちがありますね。

大杉栄はダメな男ではないか

朴　野枝が書く字は、勢いがあって堂々としていますよね。

村山　素晴らしい達筆なんですよ。彼女は1918年に内務大臣の後藤新平に対して、大杉の不当拘禁に抗議する4メートルにも及ぶ巻物のような手紙も書いています。実物が残っているんです。この手紙があることが明らかになったのは2000年代のはじめだから、寂聴さんが2作をお書きになったときにはまだ知られてなかった。それもあって、後藤新平とのやりとりの場面はハイライトにしようと思ったんです。

朴　『風よ　あらしよ』を読むと、あの時代の著名人たちが一人ひとり浮かび上がってきて、いろいろな人間関係のつながり合いがあったんだなあって感じます。

村山　嘘みたいに有名人に囲まれているじゃないですか。ここでお金を貸したのがあの有島武郎《たけお》だったのか！　みたいな。本当にオールスターキャストなので、書き始めたときは、誰の視点で行くかというのをすごく考えたんですけど、結局1章ごとに野枝の視点と野枝を見ている誰かの視点で交互に書くというスタイルにしたんです。

朴　その手法が成功していると思います。人と時代が多面的に描かれますから。でも難しかったでしょう。

村山　難しかったですね。そのつど、その人になり切らないと書けないので。

朴　由佳さんの作品はその手法が多いですよね。

村山　そうですね。実のところ、神視点で書くのが苦手なんです。

朴　神の視点で客観性を出すのではなく、いろいろな人に乗り移って書くことによって、より重層的な物語を作っていくんでしょうね。

ところで、寂聴さんは、由佳さんの作品をお読みになっているんですか。

村山　本をお送りしましたが、読んでいただけたかどうかは分かりません（笑）。

朴　刊行は、まだ生きてらっしゃったときですよね。

村山　亡くなる1年少し前にお送りしたんですが、ご感想はとうとう聞けませんでした。先ほどお話ししたように、寂聴さんがお書きになった野枝像は好感度が高いとは言えないんです。子どもを置いて家を出てしまうとか、そういうところで寂聴さんは野枝に辛辣だったんだろうと思います。一方で、大杉はいい男として描かれています。私は、大杉はダメな男だと思うんです。彼が標榜した自由恋愛《フリーラブ》なんか、互いに自立するだの束縛しないだのと偉そうなこと言ってますけど、結局のところ男に都合のいいことばかりなんですよね。観念や理屈が先に立って、女性の気持ちや女ならではの生きづらさについては全然分かってない。まあ、優しいし愛嬌があるので女性が惹《ひ》かれるのは分かるけど、男としてはダメだよね、と（笑）。

朴　大杉栄はダメな男でしょ。私は、まず惹かれないタイプの男性ですね。彼をめぐる女性たちに対する不誠実さと調子のよさには、まったくついていけない。甘ったれるのもいいかげんにしろと、何度言いたくなったことか。

でも野枝はそんな大杉栄に惹かれて、自分の子どもと離れる道を選択しますよね。由佳さんが描く野枝は魅力的だけど、子どものいる私にとっては、そこに自分との違いが感じられました。

村山　彼女が強烈すぎて共感できませんという読者もいました。それはそれで無理もないけれど、共感だけが物語の読み方じゃないとも思います。

朴　野枝とダダイスト（既成の秩序や常識を否定・破壊する人々）の辻潤との間の長男が詩人で画家の辻まことさんですよね。私は辻まことの作品が好きで、けっこう本を読んでたけど、息子の視点では母親である野枝はどんな存在だったんだろうかとか、そんな思いもめぐらせながら読みました。

村山　辻まことさんと野枝は、その後も行き来があったらしくて、一つ間違えていれば自分が甥っ子の代わりに殺されていたはずだともおっしゃっていたそうです。

甘粕正彦と権力悪の深層

朴　そう、橘宗一少年が野枝と一緒にいたのは、たまたま震災の後で迎えに行ってのことでしたものね。

村山　辻潤の居所が分からなかったので、まこと少年のことはあきらめて、その足で甥っ子の宗一少年を引き取りに行ったわけですから。

朴　大震災時に朝鮮人が官憲と一般人にむごく殺された事実がある一方で、野枝と大杉、宗一少年の殺害も凄まじい暴力だと思います。幼い子どもまで殺すんですから。日本の官憲は、こんなひどいことをするんだっていう、とても信じがたい衝撃でした。

村山　権力側がどんな立派なことを言っても、どう言い繕っても、あの虐殺があった時点で、すべて通じない話になっていると思います。

朴　戦場では子どもも殺されるし、平時でもさまざまな暴力ってあるけれど、あのとき官憲が宗一少年まで殺すということに、いっそう残虐性を感じさせられました。もちろん反体制、反国家の活動家だったからといって、野枝と大杉を無惨に殺すというのも、あり得ない所業ですが。

村山　宗一少年については、面倒くさい、見られたから殺してしまえみたいな感じもあったんでしょうね。

朴　下手人は甘粕正彦とされているけれど、甘粕ではないという説もありますよね。

村山　本人も、自分がやったと部下が言うならそうなんでしょう、と言ってみたり、かと思えば犯行を認めるようなことを言ったり、そこは本当に藪《やぶ》の中ですね。

甘粕が手を下したとして話しますが、彼の中にある考えって、当時は必ずしも甘粕だけの異常な考えではなかったと思うんです。膝を悪くしてしまってエリート街道ではなく憲兵の方へ行かざるを得なかった甘粕のコンプレックスもあったとは思うんだけど、日本のために自分は尽くすのだってなったときに、弱者である人たち、抵抗しようとする人たちを抑え込まずにいられない心理が働いて、やがて社会主義者や無政府主義者を厳しく取り締まり、先回りして芽を摘み取るように弾圧しようとする極端な心の動きになっていく。

それは当時だけでなく、今もそうかもしれない。自分の奥底にある差別的な心情が、権力への欲望と結びつくと、その差別の対象をスケープゴート的に悪者に仕立て上げてしまうようなことって、今もあると思います。甘粕だけじゃなくて、私たちの中にも絶対にある心理の転がり方で、そこは私自身の自戒も含めて書いておきたかったんです。

実は連載時点では、甘粕視点のパートはありませんでした。事件の真相が藪の中ということもあって、荷が重いなと思って避けてしまったんだけど、やはりそこを書かないと、大事なところが抜け落ちてしまうと思い直して、単行本にするときに書き下ろしました。

朴　権力悪を人間の普遍的な心理に引きつけて掘り下げたのは、由佳さんならではでしたね。自警団の人たちが朝鮮人たちを常日頃、下に見て抑えつけながら、仕返しされるかもしれないと感じて、流言飛語に煽られて殺してしまうこととも通じる精神構造だったのだと思います。

流言飛語がリアリティを持つ時代

村山　その意味では、自警団による朝鮮人虐殺と、甘粕らによる大杉と野枝と宗一少年虐殺は、やはりつながっているとも言えますね。

朴　前章でお話しした、姜徳相先生が事実を追究して、関東大震災時の朝鮮人虐殺の実態を解明したことと、由佳さんが物語を描きながら、虐殺する側の心理を探り当てたことを重ね合わせて、当時と今の社会意識をより深く見ることができた気がします。

それにしても、資料を読むのも大変だったでしょう。よくあそこまで事実確認ができましたね。

村山　校閲さんが立派でしたね。コロナ禍の真っ最中に国会図書館に通い詰めてくれて、本当に頭が下がります。

朴　本づくりの過程でのチームワークも素晴らしかったんでしょうけれど、由佳さんが歴史的な経緯を調べ上げて書いたこともすごいと思って。

村山　小説にするには、資料の痕跡が残っていると鼻白むところがあるので、10調べたうち、どうやって9捨てるかみたいな勝負ですね。ここでは何を一番書きたいのかを決めて、ほかのことは、知っているけどあえて書かないみたいな感じが、実はけっこう楽しかったです。

朴　なるほど、そういうものですか。歴史に深く根ざしながらも、小説の登場人物として新しく立ち上げていく作業なんでしょうね。

村山　そうですね。ダメ男の大杉にしても、野枝にしても、資料をひもとくと時に胸のすくような啖呵を切ってくれているんですよ。

朴　彼らが現実に発した言葉を、物語でさらに活《い》かしていく。

村山　そう。そこに随時、彼らがいかにも言いそうな脚色も加えていきました。朝鮮人が井戸に毒を入れるという流言飛語にしても、私たちだけが地震に遭ったわけじゃあるまいし、井戸に毒なんか入れたら彼らだってすぐに困るのに、そんなことするはずないでしょう、ちょっと考えりゃ分かりそうなもんだ、みたいなね。

朴　ほんとにね。ちょっと考えたら分かることでも、みんなが流言飛語に惑わされて信じ込んでしまった怖さですよね。

村山　そうしたあれこれをスパッと言い切ってくれているところが文献にもいくつもあって、そうすると、ああ、ここ書きたいという気持ちになるんです。今の社会も、特にネットでは流言飛語がそれなりにリアリティを持ってしまっていて、真っ当な言葉が極めて少数派になっていますから。

朴　今、戦争することがビジネスのような戦争国家アメリカに従って、日本は一緒にやりますよ、っていう感じで、そのための準備をどんどん整えていっているじゃないですか。これが正当化される過程を見ても、政治家の言葉や流れに追随するメディアの報道など、何だか流言飛語のように感じられてしまいます。

村山　人々の生活を放ったらかして、防衛費をこんなにふくれ上がらせてどうするんだと思います。今の軍拡路線について自民党の麻生《あそう》太郎副総裁が、「もっと反対の反応が出てくる可能性もあると覚悟して臨んだが、多くの国民の方々の理解を得た。真剣に取り組んでいる（政府の）姿勢を評価していただいている」といった発言をしていました（2023年1月9日の福岡県直方《のうがた》市での講演。読売新聞2023年1月9日付）。いつのまにか国民みんなが理解してくれたという話になっている。

暴力的な時代に近づいている

朴　どこからそういう言葉が出てくるんでしょうね。

村山　妄想の世界で生きているのかなと思ってしまいます。

朴　まったく根拠のない思い込みの類ですね。

村山　本当にそう。でも、私たちもいけないんです。これだけ勝手なことを言われても、暴動も起こさないし、みんな別に文句も言わないから、それがそのまま通ってしまう。

朴　何も起きないというこの状態に驚きます。みんな、牙を抜かれちゃったんですかね。どんなことも受け入れてしまうの？　根拠のない妄想のような政治家の言葉も、そのまま流してしまうの？　あり得ないような事態が、どんどん進んでいます。敵基地攻撃という名の侵略戦争の肯定とか、自衛隊とアメリカ軍が一緒になって、あちこちで軍事演習やるとかね。戦争があったら、もろにアメリカと一緒になって戦うという態勢ができつつあるのに、みんな、あまり考えないんですかね。

村山　若い人に訊くと、「選挙で選んだ政治家が決めていることに文句を言うのはよくないと思います」と言われて愕然としました。選んだ政治家が間違ったことをしないかどうか、きちんと見張るのが私たち国民の仕事なのに何を言ってるんだろう、って。

『風よ　あらしよ』は企画からいろいろな文献を当たって、連載の準備をして、連載して、本になってというふうに足かけ4年以上かけているんですけれど、その間にも、この国が100年前のあの状況にどんどん近づいてきているという実感が迫っていたんです。自分が書いている暴力的な時代に、今の世の中が近づいていることが怖くて。

このまま行ったら100年前と同じようなことが起こるんじゃないか。軍事独裁だ、警察国家だというのを私たちは過去のことだと思っているかもしれないけれど、もっと柔らかい膜にくるまれてはいるものの、本質的には今も同じような形で支配されているんじゃないか。見えないようにされている分だけ、むしろ罪深いんじゃないか。そんな問いかけがずっと頭にありましたね。

朴　そんな思いで書き進めていったんですね。

村山　はい。私が書いた伊藤野枝、大杉栄の姿は、真実にどれだけ近いか分からないわけです。私は、彼らにできるだけ近づいて、彼らと同じ光景を見て、同じように感じて書きたいと思って書きましたけど、当然、彼ら本人ではないので、もしかしたら全然違うのかもしれない。

朴　たとえ実像と違っていたとしても、由佳さんは小説という手法で由佳さんなりに彼らの姿に迫ったんだから、それでいいと思います。

村山　私が見たい景色を彼らに託しているだけにすぎないかもしれないけれど、でも、この時代にせっかく書くなら、小説は小説としてクオリティを保ちつつ、「今、書くこと」の意味を伝えたいという気持ちはずっとありました。

朴　「戦前回帰」とか、「新たな戦前」ということが語られるようになってきています。戦争に向かって行く状況が繰り返される、そんな危険性が高まる時代に『風よ　あらしよ』が書かれて、多くの読者に読まれたことの意味は大きいと思います。

野枝が力を貸してくれた

村山　以前、NHKの『ラジオ深夜便』に出演したとき、「今まで自分で書いた中でベスト3を挙げるなら、村山さん、どれになりますか?」と訊かれて、3作はどうしても挙げられなくて、でも「一つ胸を張れる作品があるとしたら、『風よ あらしよ』です」と申し上げました。

一つにはやはり、『風よ あらしよ』が完全なフィクションではなくて、膨大な資料を元にして作り上げた評伝小説だったということもあるけれど、この作品を書き上げることができたという自負が、私にとって拠《よ》って立つ礎になったことも大きいんです。

慶南さんはご存じだと思うけど、私、自己評価が低いんですよ。男の人との間にうまく関係が築きにくかったのも、自己肯定感が低かったこともあると思っています。

朴　意外な感じもするけど、そうなんですよね。

村山　作家としても、いまだに、こんなんでどうしようって気持ちが抜けませんでした。『風よ あらしよ』を書けたことと、読者から反響をいただいたこと、作品が認められて吉川英治文学賞の本賞をいただいたことではじめて、作家として胸を張っていいんだって思うことができるようになりました。

朴　それは素晴らしい。

村山　本ができて、福岡県の西南学院大学で講演した際に、野枝の生家のあった福岡市の今宿に立ち寄って、写真を撮っていたんです。そうしたら、80歳過ぎの矍鑠《かくしやく》とした男性に声をかけられて、よくお話を伺ってみたらその方、「わしゃ、野枝の甥ですけん」って。そう、野枝のお兄さんの息子さんだったんです。息が止まるほどびっくりしました。

野枝の本を書きましたと申し上げたら、その方が「野枝のことはよい思い出とは言えないから封印していたが、こうして若い人が書いてくれるなら、もう一度生き証人として思い出してみよう」と言ってくださいました。私、うれしくなって、思わず福岡駅の書店まで行って、自分の本を買ってこの方に届けたんです。

朴　思いがけなくうれしい出会いがあったんですね。やはり多くの関係者にも読んでもらいたい本です。

村山　野枝が力を貸してくれたんだなと思いましたね。本当、不思議なことがいっぱいあったんですよ。『風よ　あらしよ』の本がようやくできましたって、私が担当者から渡されたのが9月16日だったんです。彼らが官憲に殺された、命日です。

朴　奇《く》しくもですね。彼らが本になってよみがえったかのような気もしてくる。

村山　誰も気がついてなくて、「あれ、今日って何日?」ってなって、「9月16日だ!」「うわあ、見ていてくれたのかな」と、みんなで鳥肌立って、声を上げてしまいました。

朴　文庫本が出たので、さらにみなさんが手に取りやすくなりますね。解説はどなたが書かれたんですか。

村山　なんと上野千鶴子さんが引き受けてくださいました。

朴　へえ、それはまた楽しみ。

生理感覚から変革思想を描き出す

朴　改めて訊きたくなったんですが、はじめに、担当編集者から野枝は村山さんに似ているって言われたという話がありましたよね。由佳さんは恋愛に関わる人生の岐路で、その選択が野枝と似ていると思ったと言われたけど、そこをもう少し詳しく話してもらってもいいですか。

村山　寂聴さんの『美は乱調にあり』を読んだのは学生のときでしたから、その頃は野枝は遠い人でした。怖いなこの人、正直すぎるし激しすぎる、という感じで読んでいたと思うんですけど、いざ、自分が書くかもしれない相手として調べ始めると、先にもお話ししたとおり、人生の節目節目で彼女が選び取る道が、私も同じ方を選んできたね、としみじみ感じたわけです。

自由を求めて夫と別れてみたり、生活を捨ててみたりということに関して、一つひとつ彼女が書き残しているものと同じように感じたし、社会運動や反体制思想がどうとかいうことよりも、野枝のこの瞬間のこの心情、私は知っている、と。同じ悩みを私も悩んだことがあるし、同じような恋に燃えてまわりが見えなくなったことがある。たとえば辻潤のように、仰ぎ見るように尊敬して、自分を導いてくれていると思っていた人なのに、あるとき自分の方が成長して彼を追い越してしまったことに気づいて、幻滅と虚しさと哀れみを覚えたこの瞬間を私も知っているよ、と。まあ、どっから目線だよという話なんですけど（笑）。

また、「自分を踏み台にして行け」っていうセリフ、私も言われたよ。あるいは、大杉と同じように「恋人とか愛人とかいう前に、僕らは親友じゃないか」と言った男の人もいて、何だ、この重なり具合は、みたいな。

そういうところから、これは野枝の人生、私なら書ける、って思っちゃったんです。やはり、野枝という一人の個性的な若い女性に、ものすごくシンパシーを覚えたのが始まりでしたね。

朴　思想じゃなくて、生理感覚から野枝に入っていったところが、この傑作を生んだのかもしれないね。そこから由佳さんが、野枝の本能的な社会主義者としてのありようや、体と心を賭けた変革思想を描き出したのは、画期的なことだと思います。

第4章　痛みを負った人々への想像力

——『星々の舟』をどう読むか

戦争の傷から生まれた暴力

朴　『風よ　あらしよ』ともう一つ、由佳さんの代表作と私が思っている『星々の舟』について も話したいんです。この作品は2003年に出版されて、由佳さんは直木賞を受賞しています。今回、読み返してみて、また深い感慨にふけってしまいました。

村山　ありがとうございます。刊行当時にも熱い感想をくださいましたよね。

朴　作品の最後くらいに、慰安婦だったという朝鮮の女性、姜美珠《カンミジュ》の話が出てきますよね。あれは私にとっては衝撃的なまでの内容でした。由佳さん、本当によく書いてくれたと思って感銘を受けました。

由佳さんの本って若い人も読むので、ああいうシリアスで歴史的な話を由佳さんが描いてくれたことが心強かったし、影響力もあると思いました。同時に、社会的なテーマをあえて接ぎ木したというのではなく、物語を通してすごくリアリティを持つ話でした。由佳さんがどうしてあの慰安婦の女性の話を書こうと思ったのかも、しっかり訊きたいと思っています。

それとももう一つは小説の手法ですね。一つの家族の中の一人ひとりの話が、リアルに浮かび上がってきます。物事を一人の視点だけから書くのではなくて、『風よ　あらしよ』もそうでしたけれど、さまざまな人たちの目から見たらどうなのかという、由佳さんならではの手法が活きています。

立場とか置かれている状況によって、事態の見え方は違うわけですよね。私は小説家ではないので物語は書きませんが、さまざまな視点がある中で弱い立場を大事にして、そこから共通の普遍的なものを私なりにすくい上げ、シンプルに分かりやすい形で伝えられたらいいなと心がけています。『星々の舟』を再読し、家族の誰の内にもある物語がそれぞれ丁寧に語り綴られるのを見て、多様な視点が必要だということを改めて感じました。

この物語の重之というお父さんは、最初、かなりひどいDVの人として登場してきますよね。子どもたちや連れ合いの妻たちへの暴力があって、本当に嫌な人だなと思いながら読み進めると、最後になって、それが戦争体験に起因することが分かる。こういうシーンがありましたよね。妻の晴代さんが洗濯物のしわをのばそうとパッとはらった音に、夫であるお父さんが飛び上がるように振り向いたと。お父さんは「首をはねるのと同じ音がした」と言うわけです。

やはり戦場で体験したことは尋常でないから、戦後も体験者の心身に深い傷を残すんでしょうね。私は、年配の戦争体験がありそうな世代の方を見ると、この人も戦争に行ったかなとか、たとえば中国やアジアでひどいことをする立場に置かれた人かもしれないなとか、そういう目でよく見てしまいます。お父さんが戦争に行って、帰ってから暴力的になったという話を、友人からもずっと聞かされてきました。戦後の暴力が、実は戦争と結びついていることをいろいろな場面で感じてきました。

『星々の舟』のお父さんも、その暴力性が戦争の傷から生まれているということによって、一人の人間にのしかかる歴史の重さを読者が発見できるような形で描かれていると思いました。

父から聞いてきた戦争の話を書く

朴　『星々の舟』は、娘さんにも息子さんにも、どの人にも感情移入して読めるんですよね。描き方のよさで誘い込まれることもあるんですが、たぶん誰もが抱え込んでいて、どの家庭にもある普遍的な問題が出てきているからだと思います。うちの家とも重なるところがあり、そういう意味でも身に引きつけて読まされるリアリティがありました。
この作品は由佳さんの中では、ご自分の家族とつながる部分もあるのかな。

村山　この人のこの部分はうちの家族のあそこを持ってきて、この部分はこちらを持ってきて、といった具合に、パッチワークのようにして書いたことを覚えています。そもそも『星々の舟』では、最後の一編となる戦争の話をこそ書きたかったんです。父からさんざん聞かされてきたので。

朴　由佳さんのお父さんには、確かシベリア抑留体験がありましたよね。それまで由佳さんは、戦争をテーマにした作品はなかったのでしたっけ。

村山　ええ。それまで私についていてくれていたのは、青春恋愛小説の読者でした。若い読者を持っているというのは、とてもありがたいことなんです。一緒に歳《とし》を取っていけるから。
ただ、青春恋愛小説をずっと書いていくのではなく、私自身もこれまでより高いハードルを越えたいなと思っているときに、『別冊文藝春秋』で連載の場をいただくことができたんです。この小説誌は、それまで書いてきた媒体と比べると読者の年齢層が高いというのは分かっていたので、それなら、そういう読者層に向けて、私が今まで書きたいと思いながらもまだ時期が早いかなと遠慮してきたテーマを、ここでぶつけてもいいんじゃないかと思いました。それが、父から聞いてきた戦争の話だったのです。

朴　自分の中で温めていたテーマだったんですね。

村山　ただ、『星々の舟』を書いた、今から20年前の時点でも、戦争の体験はすでにかなり風化していて、いきなり大上段に振りかぶって戦時中の話を書いても、読者にどれぐらい伝わるものだろうかと思いました。やはりそこに仕掛けが必要だろうということで、まずは現代の家族の物語を書きながら、ずっと寡黙だった父親が、最終的に孫娘に請われて、今まで口をつぐんでいた自分の戦争体験、ただし彼は戦争体験じゃなくて戦争を生きたんだっていうふうに思っているんだけれども、いずれにしても自分の過去を語り始めるという構成を考えたんです。

その場面まで読んできた読者は、この家族に感情移入することによって、父親の話を聞く姿勢ができているのではなかろうか、というのがいわば仕掛けでした。そんなふうにして書いたのが、『星々の舟』でした。

朴　だから、戦争の話を最後に持ってきたのね。

村山　この作品で直木賞をいただいたときに、選考委員の方々から、最終章で、それまで家族の話であるところから、急に不協和音のように戦争の話が入ってきて、いかにも勉強しましたみたいな印象があって小説全体の完成度を損なっているんじゃないか、という意見もあったんです。私の力不足で、不均衡なところが出たのかもしれないですけれど、本当は、私が一番書きたかったのは最終章なんですという思いがそのときありました。それだけに、授賞式の壇上で北方謙三さんが最終章について、「作家が小説全体の均衡を崩してでも書かずにいられなかった想いを、自分はしかと受けとめた」という意味のことを言ってくださったのは、涙が出るほどうれしかったですね。

「心に小さな花が咲いた」

朴　私は逆に、家族の物語が戦争の記憶に導かれていく道筋が、ああ、そうだったんだっていうのがありましたね。暴力的で嫌なお父さんの人間性がどうして形づくられたのかという説得力と、その原因が戦争にあったという痛みが迫ってきました。

これはやはり、ベースには由佳さんのお父さんの戦争体験があったんですか。

村山　そうですね。私はすごく遅い子どもだったので、父は私に戦争の話を聞かせてくれました。兄たちはたぶん父からそんな話を聞いていないんですよ。それは父の側にも語るだけの準備が、歳月としてまだできていなかったのかもしれないし、男同士ということもあるかもしれない。どういうことだったのかは今となっては分からないですけれど、私に対しては、父は、訊けば答えてくれました。

一緒にお風呂に入って、父の腿《もも》に傷跡があるのを見て、「どうしたの?」って訊いたら、作業中に倒木で刺したと言うんです。

朴　シベリア抑留時代に。

村山　はい。突き刺してしまって、そこが化膿《かのう》して、入院しているときに包帯を巻いてもらうんだけど、膝の方が細いから、どうしても包帯がずり落ちてしまう。立って歩こうとするとずれてしまって、そのたびにロシア人の軍医から「作業するのが嫌だから、包帯をずらすことで治りを遅くしているんだろう」と言われたそうです。そのとき、叱《しか》られないように包帯を巻き直してくれたロシア人の看護婦さんにほのかな恋心を抱いて、「心に小さな花が咲いた」んですって。それ、実際の父の言葉なんですよ。

朴　いい言葉ですね。

村山　そういうふうに父の戦争体験や背景について断片的には聞いていたんです。

また、祖父が幼かった父に対して暴力をふるったことや、一方で私の母方の祖母もまた夫からさんざん暴力をふるわれていたことも聞いていました。当時はそうしたことが悲しいことに珍しくもなかったといいますよね。だから、個人の人間性の問題だけとは思えない、背後の時代性が気になって仕方なかった。

小説家としては、いつも「なぜ」って思うんです。「なぜ」ってところから物語が生まれる。大事な家族に対してそこまで暴力をふるうということに、その人の性格だけじゃなくて、何かしら影のようなものを感じてしまう。それは何なんだろうと、背景を手繰り寄せていく中で、『星々の舟』の父親のキャラクターができていったんです。

ちなみに、書いていたときに勝手にイメージしていたのが、山﨑努さんの顔でした。もしも映画化されて、演じてもらうなら山﨑さんにやってもらえたらいいなと思っていたの。

朴　ああ、山﨑努さん、なるほど。ぜひ映画化されてほしいですね。

物語の最後に慰安婦の女性が出てくることに胸を突かれるんですが、お父さんが慰安婦の女性と関わったという話はあったんですか。

なぜ慰安婦を書いたのか

村山　当時は初年兵みたいな感じだったようだし、父がそこで何か経験したということはなかったようです。父はシベリアから4年ぶりに日本へ帰って、兄の妻であったうちの母親と出会うんですが、それが初体験だったと言っていましたので。兄の妻を取ってしまったことが、ずっと父の原罪のようにあったらしい。

慰安婦の話を書こうと思うと話したとき、父は、自分の上官たちは慰安所のことを「ピー屋」と呼んでいたと言っていました。梅毒の治療薬の「六《ロク》〇六《ロク》号」というのも、父から聞きましたね。

朴　お父さんは慰安婦がいる場所と地続きの場所にいて、その存在をしっかりと認識されていたことは確かなんですね。

村山　はい。でもね、慰安婦の存在を、私たち日本人の側から、私たちの世代が書かなくてはという思いを最初に持ったのは、実は慶南さんとのご縁からなんですよ。

朴　そうだったんですか。どういう思いから書いたのかなと、それを訊きたいと思っていたんだけれど、私とつながっていたんですね。

村山　私は、パキスタン人の家族とか、インド人のカレー屋さんとかと親しく付き合う機会に恵まれて、異国の文化といろいろなところで触れ合えてはいたけれど、コリアンのお友だちは慶南さんがはじめてなんです。

朴　それは知らなかった。出会ったことに感謝したいです。

村山　慶南さんのお書きになるものにずいぶん啓発されました。最初の夫と一緒に慶南さんの講演会にもぐり込んで、黙って聞かせていただいて、終わってからサプライズでご挨拶したりもしましたよね。

朴　そうそう、お花を持って来てくれて、びっくりしました。思いがけないサプライズに、すごく感激したのを覚えています。改めてありがとうございました。

村山　とんでもないことです。

最初の夫については、後に小説のモデルにするぐらい癖の強い人でしたけど、前にお話ししたように佐高信さんの大ファンで、『週刊金曜日』も購読していて、それまでまったくもってノンポリというか、何の知識も思想もなかった私に、政治や社会や歴史の世界に目を開かせてくれた人でもありました。

ただ、私が書くものに強引にコミットしてきて、思想的な方面をもっと過激に書けと強制するところもあったので、これは私の作品だし、そう簡単にあなたが考える左寄りの政治的な素材を入れ込めばいいというわけではない、と対立することもありましたね。

朴　そういうテーマは、書き手の思いが高まって自分のものにならないと、力が伴わないし、難しいですよね。

由佳さんは、韓国・朝鮮のルーツを持つ私と出会って、その歴史や文化に興味を持ってくださったんですか。

村山　慶南さんとお話しするようになって、うっとりするほど美しいチマ・チョゴリを着せていただいたり、そしてもちろん慶南さんのお書きになるものを読んだりすると、日本人の戦争体験や加害の歴史を、今まで自分が知らないで来たことに恥ずかしさを覚えると同時に、なぜ知ろうとしなかったんだろうという思いが生まれてきました。それが私の30代はじめの頃です。

そのあたりから父の戦争の話とも重なり合って、『星々の舟』が生まれていく下地ができたという感じですね。

感情移入によって歴史を我が事に

朴　由佳さんが書いてくれた慰安婦の問題ですが、今の日本では、なぜ躍起になってなかったことにしようとするんだろうと私は思うんです。海外の多くの国は、自分の国が犯してきた過ちをきちんと検証したり、それをノンフィクションやフィクションにしてすごい作品が生まれているのに、なぜ日本では、なかったはずがない歴史を、なかったと言おうとするんだろう、と。それが怖くもあり、情けなくもある。

小説にしかできないアプローチって何だろうと考えると、やはりノンフィクションの分野では届かないところもあると思います。ノンフィクションは、実際にあったことを記録していて、読んだときに客観的な事実から学んだり、驚いたり、胸がつぶれるような思いをしたりするけれど、小説になると、話し言葉や描写などフィクションの文章が入ってくる分だけ、読者はその世界に深く感情移入することができますよね。

村山　そうなんです。感情移入させるということは、我が事として考えてもらうための想像力を強めることだと思うんですが、それを駆使したら、もしかしたら、今まで頑《かたく》なに歴史的事実をないことと思っていたり、あるいはそれを嘘だと言い張ったり、自分に関係ないからと無関心でいた人を、今までとは別の、痛みを負った人とつながり合う側に引っ張れるんじゃないかって。

私も、今はじめて知ることばかりの人間だから偉そうなことは言えないけれど、でも、作品に感情移入してもらうことで、一緒に考えるきっかけになればと念じたのが、姜美珠と重之との、それこそ心に小さな花が咲くような場面でした。

朴　リアリティがありましたよね。これはかなり取材されたんですか。

村山　あの当時、まだネットも今ほどは普及していなかったから、戦争体験者の私家版のような資料であるとか、文献はかなり読みました。後は父に訊きまくったり、大事なところは資料を元に固めて、残りの細かい描写は想像力で補って。

朴　由佳さんの想像力の深さと豊かさで、胸に迫る映像が浮かんできました。姜美珠が、故郷に帰っても汚れた女だとみなされて恥だと言われ、その地域では暮らしていけなくなると語っているのは、実際にあったことでした。慰安婦とされた女性たちは、何とか生き延びて故郷に帰っても、家族が住む家に入ることが許されなかったんですよね。そこにまた、女性への差別が影を落としている。由佳さんはそれも描かれていたので、心を揺さぶられましたね。

村山　私自身が女であるということで、姜美珠の方へ気持ちがすーっと寄ってしまうというのはどうしようもなかったですね。小説を書くときには、できるだけ人物と距離をきちんと取らなくてはいけないと思うんだけれど、憑依《ひょうい》しちゃうときがある。野枝もそうでしたし、時々そういうことがあるんです。

それは、引っ張られていいと思える人物、そこまで自分自身が没入しないと書けない人物なんだと思います。今から考えると、まだ書けてないところはいっぱいありますが、姜美珠は、私にとって忘れがたい登場人物なんです。

父のシベリア抑留体験

朴　それは私にとってもです。だから「哀号《アイゴー》」と美珠がつぶやく言葉も深く響くし、無惨にも殺されてしまう前に、美珠は思いのたけを自分の国の言葉で言いますよね。禁じられていた朝鮮語で。「私の名前、ヤエ子でない、姜美珠！」って。その叫びというか、心の底から出てくる慟哭《どうこく》に、美珠の強い自負心が感じられるんですね。今回、また読み直してみて、すごく迫るものがありました。

村山　慰安婦を書いたことで、当時かなりバッシングがあって、あれには驚きましたね。

朴　『星々の舟』を書いた後にですか。

村山　そうです。当時の「2ちゃんねる」みたいなところに、今回の直木賞作家は売国奴、っていうのがバーッと出たりもしました。

朴　何てことを。それは本当にひどいね。

村山　そういう事実はなかったとか、こんな資料は嘘だ、村山由佳はバカを露呈したとかも言われました。

朴　繰り返しますが、どうして頑なに、あったことをなかったことにしたいんでしょうね。

村山　被害を受けた側の実感に近づこうという気持ちがまったくない。事実を知ろうともしないんです。本当のことを認めてしまったら、これまで自分の信じてきたものが崩れ去ってしまう。それが怖いんでしょうね。

朴　由佳さんに戦争体験を話してくれたお父さんのシベリア抑留体験もまた、戦争がもたらした悲劇でしたね。お父さんは満州建国大学に入られて、そこで、当時のスローガンの「五族協和」じゃないけれど、中国人やロシア人ともお友だちになり、その後シベリアに抑留されて、それから日本に戻って来られたんですよね。お父さんは何年生まれですか？

村山　大正14年（1925年）生まれです。

　父のことを最近書きました。シベリアの話です。『ある愛の寓話《ぐうわ》』（文藝春秋、2023年）という短編集の最後に入っている『訪れ』というタイトルの作品です。短編といっても、80枚か90枚ぐらいあるんですけどね。

朴　それは読まなきゃ。お父さんのシベリア抑留体験を元にした作品ですか。

村山　父の残した手記と、後は聞かせてもらった話を題材にして、もちろん私の創作も入っています。先ほどお話しした、ロシア人の看護婦とのほのかな恋の話も出てきます。

朴　シベリアでは、お父さんは筆舌に尽くしがたい体験をされたんでしょう。

村山　それはもう、凄惨なものでした。だから、当時のことを語りたがらない人もいるし、それはそれで無理もないことだと思うんです。体験が苛酷すぎて、言葉にできない、あるいは語りたくないということですよね。

　父の手記を見直したら、以前はそれほど興味を惹かれなかったシベリア抑留時代の父の立場が、妙に頭に入ってきました。シベリアの収容所の中では「日本新聞」というのが壁に張り出されて、その裏にはソビエト連邦共産党がいて、捕虜である日本人にソ連のものの考え方を洗脳するように植えつけたわけですよね。父は真面目だったのか、そこに何かしら思想的な共感ややりがいを見出したのか、とうとう収容所内の組織の委員長にまでなるわけですよ。でも「アクチブ」として活動していく中で、同じ日本人から裏切られてつるし上げを食らったことがあるんです。

いわゆる「暁に祈る」として知られる、捕虜同士のリンチです。つるし上げの対象となった捕虜は、外に出されて朝まで厳寒の中で縛りつけられたままにされる。もちろん凍死してしまうわけですが、当時そういうリンチがあったらしいんです。

収容所でのリンチや裏切り

朴　「暁に祈る」とはどういう意味なんでしたっけ?

村山　縛られたまま凍死している捕虜が、まるで上ってきた太陽に首《こうべ》を垂れるような、拝むような姿だったことから、そう言われたようです。

父も危うくそういう刑を宣告されるところだったらしいんです。たまたま父がみんなのパンをもらって来たら、それにカビが生えていた。で、そこからつるし上げが始まったようです。その場には、何百人という収容所の人たちが集まっていたらしい。

朴　パンにカビが生えているというだけで？

村山　それはきっかけでしかなくて、そもそもこいつはたかだか言葉を覚えたからと言って、ロシア人と親しくしゃべったり、偉そうにしていて気に食わないといった、たぶんみんな捕虜生活への不満がたまっているから、ちょっとしたことで怒りが噴出したんでしょう。

そのとき、父が一番信頼している友だちが証言に立ったので、自分を擁護することを言ってかばってくれるのかと思ったら、その人は「こいつはそもそも満州建国大学の出だ。あんなところは軍国主義の最先端で、将校を育てるための大学だ」と言って、さらにつるし上げに遭ったというんです。そのときは情けなくて、男泣きというのをはじめて経験した、と父は書き残しているんですね。

朴　収容所という抑圧された閉鎖空間で仲間からリンチされたり、友だちから裏切られたりというのは、どれほどつらかったことかと思いますね。

村山　そのことは書き残してはいたけど、私に語ってはくれなかったわけです。私の側にその話を受け止めるだけの構えがなかったというのもあるし、父にしても、そこまでのことは口では言えなかったんだなと思います。

朴　手記というのは、どういう形でまとめられていたんでしょうか。
村山　父が自分でワープロで書き上げたものを、私と次兄に一部ずつくれました。
朴　シベリアでの日々についての手記ですか。
村山　自分の生い立ち、シベリアでのこと、シベリアから帰国して日本医師会に勤めた頃、直属の上司が日本医師会会長だった武見太郎に刃向かったせいで父まで長らく干された話、母との関係、自分の浮気の話までいろいろ書いています。
朴　まさにリアルな自分史ですね。
村山　はい。父は文章が書けた人なので、読み応えがありました。
朴　お父さんは、書くことに思い入れがあったんでしょうね。
村山　医療保険関係の機関誌に原稿を求められて書くこともあったらしいですけど、文筆家でもなければ文章を書くのが趣味ってわけでもなかった。ただ、書くことが苦にならない人ではありました。なので、けっこう分厚い自分史を残してくれました。
朴　では今回の『訪れ』という作品を書くときは、その手記が活用されたんですね。
村山　はい。父が召集された当時、最初に列車が着いた町が「図們《ともん》」で、そこからさらに奥地の「春化《しゅんか》」まで30キロ行軍して、そこが父にとっての軍隊生活の出発点となった。その後、20年8月には東京城《とうけいじょう》近くで戦車を迎え撃ったりして、荒野を300キロも歩いて敗走を続けたあげくに、吉林《きつりん》近郊の敦化《とんか》飛行場でソ連兵に武装解除されて捕虜になるんですね。その後に動いた先の町の名前も日付もすべて書いてあるので、そのデータの多くを小説に活かしたんですが、校閲さんが見ても一切間違いがなかった。

民族とは、国とは、何だろう

朴　非常に正確な手記だったわけですね。

村山　父の記憶と記述がともに正確だったということなんでしょうね。

朴　由佳さんのお父さんの性格の一端を見る思いがします。戦後、お父さんは、その場所を訪れることはあったんですか。

村山　一度も行ってないです。

朴　由佳さんも？

村山　私は、NHK-BSの番組のロケでシベリア鉄道には端から端まで乗りましたし、そのときに父のいた収容所跡も訪ねましたけど、それ以外は訪ねていません。

朴　お父さんの手記以上の資料はないかもしれませんね。

村山　はい。年齢を重ねた体験者が少なくなってきた今、過去を語ってもらうことに意義があるのは分かるけれども、一方で、今までさんざん語られてきたはずではないのかという気もします。もし、そこから学べないのだとしたら、それは受け取る側の問題じゃないか、と。

あの戦争についてはすでにこれだけの資料が残されていて、語ってくれた証言者たちもたくさんいて、ノンフィクションもフィクションも膨大にある。それなのに私たちが学ばないとしたら、それは語る側じゃなく、学ばない私たちの側の問題ですよね。

朴　先ほども話したことですが、政治の世界を見ても、かつてはまだ戦争体験のある政治家たちが歴史の教訓に向き合う態度があって、それがある種の歯止めになっていた。しかし今は、過去の歴史に学ぼうとするような政治家が皆無に近くなってしまって、戦争への警戒心や、ヘイトが悪いことだという意識が弱くなってきているのが、とても恐ろしい。

村山　本当にそうですね。今の時代潮流を見極めるには、やはり歴史から学ぶことが一番大事だと思います。

『訪れ』の話を続けますと、シベリア抑留される前の軍隊生活や召集についても書いているんですけれど、父が満州建国大学に在籍していたときに、仲間には中国人もいたし、朝鮮人もいたんですが、戦局が悪くなってくるとともに、それぞれの自国語である中国語や朝鮮語をしゃべるようになっていく。それまでは禁止されていたんですが、戦争終結を肌で感じて、しゃべるようになる。それを聞きつけて憲兵が来て、十数人の学生とともに父が一番親しかった中国人も引っ張って行ってしまった。

朴　中国語をしゃべったということで？

村山　中国語をしゃべったことで反日分子扱いされ、スパイじゃないかと疑われて、大学の副総長が強く抗議したのに構わず引っ張られたんです。その人が、7カ月ぐらいしてから、ボコボコにされて、死んだ方がましみたいな状態で帰って来たんですって。捕まっていた間に何をされたかなどは、訊いてもほとんど語らなかったと。

ところが、いよいよ次の日に父が召集されるというとき、見送ってくれたのはその中国人で、「死ぬなよ、帰って来いよ」と言ってくれたそうなんです。

言ってみれば、父はこれから中国戦線に出て、その友人の同朋を殺しに行こうとしているわけなのに、そういう自分に対して、彼が親身な言葉をかけてくれるという状況に、もう胸がつぶれそうだったと、父は書き残していました。

そういうのを読むと、民族って何なんだろう、国っていったい何なんだろうって思えてくるんです。

満州建国大学と「五族協和」

朴　民族とか国とかで人を線引きして対立するのではなくて、最終的には本当に人と人だと思います。由佳さんのお父さんとその中国人の友情も、民族や国に左右されない人間同士のつながり合いの大事さを語ってますよね。

そのつながり合いを引き裂くのが国家間の戦争や民族紛争で、胸がつぶれそうというお父さんの状況と重なります。国や民族の軋轢《あつれき》を少なくしていく最良のものが、民族や国境を越えて人と人が出会い、その違いを認め合い、尊重し合うことではないかと思うんですよね。

村山　そうですよね。父の進んだ大学の掲げた「五族協和」というモットーは、言ってしまえば「植民地」に対する日本帝国の独善的・国家的スローガンでしかなかったかもしれないし、あくまで理想にすぎなかったのかもしれないけれど、もっとシンプルな、人と人の出会いとしての五族協和といった理想そのものは、若かった父にとってきっと胸震えるものがあったんだろうなと思うんです。

朴　学生は対等な五族協和の理想を抱いていても、日本国家が大東亜共栄圏の名の下に植民地支配をしてしまった。その前提は見ておかないといけないと思います。支配されたり支配したりといった上下関係ではなく、それぞれが対等に認め合ってつながる関係であれば、理想とするにふさわしいと思いますが。

村山　建国大学と言えば、奇遇なことがありました。何年か前に、朝日新聞記者の三浦英《ひで》之《ゆき》さんが書かれた『五色の虹　満州建国大学卒業生たちの戦後』（集英社、2015年）というノンフィクションが出版されました。建国大学に、日本、朝鮮、中国、モンゴル、ロシアなどから集められた若者たちが寝食を共にしながら学び、敗戦を迎え、それぞれの祖国へと散った後も、国境を超えて友情を育み続けたという、スーパーエリートたちの知られざる戦後物語でした。

朴　開高健ノンフィクション賞を受賞した作品ですよね。

村山　そうです。受賞者の三浦さんは確かそのときは海外にいらして授賞式に出席できなかったんですが、パーティ会場には、取材対象となった満州建国大学の卒業生たちをお招きしてらしたんですよ。
　私はたまたま同時に授賞式の行なわれる「小説すばる新人賞」の選考委員だったものですからその場にいて、選評スピーチのために舞台に立ったら、卒業生の方々の間で、「何で森田の娘があそこにいるんだ」と。「森田」は私の旧姓なんですが、建国大学の同窓会で父を送り迎えしていたから、みなさん、私の顔を知っていたんですね。

朴　あのときは私もその受賞パーティに行っていたので、建国大学が満州に作られていたということと、それが由佳さんのお父さんがいらした大学だということを知りました。

村山　炭鉱労働者を描き続けた記録文学作家の上野英信《えいしん》（1923年―1987年）さんも建大ですよね。

朴　上野英信さんもそうだったんだ。満州建国大学に行くのは、みんな優秀な人だったみたいですね。そして、それぞれ、理想が裏切られる過程も見てこられたんでしょうね。

村山　そうですね。父はまだ若かったし体力もあったし、実際に人殺しまではしなくて済んだけれど、在学中に兵隊にとられて、すぐ捕虜になってしまった。

なぜ父はクリスチャンになったのか

朴　捕虜生活でも、寝て起きたら横で仲間が亡くなっていたという日常があったわけでしょう。

村山　小説にも書いたんですが、収容所では、歳のいっている人から亡くなっていったというんです。具合の悪い人を担いで風呂場へ連れて行って洗ってあげて、背負って部屋に帰ろうとしたら、その途中でずしっと重くなって、降ろしたらもう死んでしまっていた。生きている間に湯かんが済んだと、みんなが冗談を言った、みたいな日常が続いていた。

朴　死が、ものすごく身近ですよね。そんな想像を絶するような収容所の生活から、無事に日本に帰って来られたお父さんは、しっかり仕事をされたそうですね。もちろん内面には深い傷があったでしょうけれど。

村山　そうですね。収容所で民主化運動をやっていたこともあり、帰って来たら、やはり〝赤く〟なっていたという感じだったのでしょう。

朴　帰国後も「赤旗」を購読していたというし、やはり影響があったんでしょうね。収容所で、感じるものがあったんですね。でも共産党員ではなかったんでしょう？

村山　実際にどうだったのか私には分からないんですけど、帰国後、何回も党関係者が訪ねて来たと母が言っていました。その父が晩年、60～70代ぐらいになってから、クリスチャンになったんですが、今思うと振り幅の大きさにびっくりするし、どういう心の変化があったのか、とても気になるんです。

朴　お父さんもクリスチャンになったんだ。元々、由佳さんのお母さんはクリスチャンでしたよね。

村山　そうです。

朴　由佳さんが通った立教女学院、立教大学もミッション系ですものね。

村山　そうなんですが、母にとってのキリスト教はファッションみたいなところもあって、ハイカラな感じがする学校に娘を入れるというのもいわば「気分」だったと思うんです。でも父は、日本人にとってのキリスト教を論じてきた山本七平《しちへい》などをずっと読んでいましたし、宗教に対しては、疑って疑って、その末に洗礼を受けたので、父を決心させたものは何だったのかな、と今になってすごく気になる。

朴　キリスト教に行きつく何かがあったんでしょうね。

村山　そこを詳しく聞くことができなかったのが、心残りなんです。

五木寛之さんが「シベリアを書かなきゃいけないね」と

村山　シベリアについては、五木寛之さんが「村山さんは、いつかシベリアを書かなきゃいけないね、お父さんの」とおっしゃってくださいました。『風よ　あらしよ』が出たときもすぐ読んでくださって、たまたまある機会にお会いしたら、「いい仕事をなさったね、おめでとう」と言ってくださった。まだ受賞が決まる何カ月も前のことですし、そういう場面で「おめでとう」って言葉をかけていただけるなんて思いもよらなかったので、私は聞いたきり泣いてしまいました。ああ、こんなふうに寿《ことほ》いでいただける仕事を私はやりとげたんだな、と思えて。

朴　五木さんから渾身の作品を評価された、その称讃とお祝いの言葉が、どれほど由佳さんの胸に深く染み入ったかを想像できます。それは泣けますよね。

村山　その流れで、シベリアを書くという話も出たんです。五木さんは大陸からの引き揚げの体験がありますし、ロシアのことは作品に何度もお書きになっていますでしょう？　父のことも、今までの対談でだいぶお話ししてきたんです。

朴　五木さんと由佳さんの対談は、どこに発表されたんですか。

村山　『小説すばる』や『青春と読書』だったり、『オール讀物』だったり。

今回、短編集の最後に収めた『訪れ』はいつかシベリアの小説を書くときのための、言ってみればピースというか習作になっていると思います。

朴　由佳さんを通じて、お父さんのシベリア体験がどんなふうに現代に届けられるのか、期して待ちたいと思います。

五木さん自身も、ロシアには複雑で深い、いろいろな意味での思い入れがあるんでしょうね。

村山　五木さんご自身がエッセイの中で告白してらっしゃいますが、あるとき、ロシアの兵隊が家の中に踏み込んできて、病気で寝ているお母さんが胸を踏みつけられて血を吐いたのに、父親と小さい五木さんは銃を向けられて2人で壁に張りついたまま何をすることもできなかった。それが自分の原罪としてあると、おっしゃっていましたね。

90歳を超えてらっしゃるのに記憶と言葉が確かで、「あれは1965年のこと」とか、「ミック・ジャガーと対談したとき」とか、「カシアス・クレイ（モハメッド・アリ）と」とか、当たり前のことのようにぽんぽん出てくる。とってもおしゃれだし、歴史の生き証人だし、いやもう、どんなＡＩも決してかなわない、知のモンスターですね。

朴　ダンディにタートルネックやコートがお似合いで、最近ではおしゃれに杖《つえ》をつかれてます。

村山　あの握りのところが銀の杖は、北方謙三さんと宮部みゆきさんと私でプレゼントしたんです。五木さんにせよ、北方さんにせよ、宮部さんにせよ、そういう方たちと、「小説すばる新人賞」の選考委員を一緒にさせてもらうというのは、本当に勉強になるんですよ。

朴　さまざまな選評を聞き、意見を交わし合うことから得るものは大きいでしょうね。

村山　小説ってこういうふうに読むんだと、いまだに目を開かれます。

朴　それはいい場ですね。新人賞を選びながら、選ぶ側も学びになるというのは。

村山　五木さんは、私が新人賞を受賞したときも、直木賞のときも、吉川英治文学賞のときも選んでいただいた選考委員ですし。

朴　由佳さんが今、そうして選考委員をしていることが、自分を選んでくれた作家の方への恩返しになっていますね。

村山　私は、「小説すばる新人賞」出身作家ということで加えていただきましたけど、先輩方に比べたらペーペーなので。

朴　その姿勢が由佳さんらしい。

村山　いまだに新米気分が抜けないですよ。まだまだです。

朴　先輩作家の方々も、うれしいでしょう。かつて新人賞に選んだ村山由佳が、今、一緒に選考委員をやっているということが。

　そういうふうに由佳さんが文学の世界で存在感を大きくしていくことと、お父さんの人生を由佳さんなりに全身で受け止めて、今、小説に書いて歴史を残そうとしていることとが重なって感じられ、私も友人の一人として誇らしい気持ちになります。

第5章　差別の構造を超えて

——女性とマイノリティに身を置き換えてみる

「嫌なら国へ帰れ」という暴言

朴　2023年4月に統一地方選がありました。でも、私には選挙権というか、投票権がないんですよ。国政選挙権も地方参政権も。

村山　そうか、慶南さんは、1回も投票ができていないんですね？

朴　日本では、まったくないです。だから、政治的にはずっと透明人間のような存在だったの。

ようやく韓国は2009年に、大統領選挙と国会議員選挙は、在日韓国人も投票できるようになりましたけどね。文在寅《ムンジェイン》と朴槿恵《パククネ》の事実上の一騎打ちになって朴槿恵が勝った2012年の大統領選のとき、はじめて横浜にある民団の会館に行って投票したんです。私にとって、生まれてはじめての選挙が60代でしたが、人間として存在が認められたという、感慨深いものがありましたね。

私たちは、日本での地方参政権をずっと求めているけれど、自民党などの強硬な反対があってなかなか実現しない。反対する側は、韓国も同じではないかと主張してたのですが、韓国では、2005年に永住権取得後3年を過ぎた外国人にも認めることになった。
村山　私は柳美里《ユウミリ》さんとも友だちなんですけど、彼女もやはり、ずっと日本で育ってきたのに選挙権がないから、どれほど1票を投じたくてもできない。だから選挙前になると、「選挙権を持っている人、どうか投票に行ってください。自分にはできないから」とツイートすると、そこにつくコメントの多くが「それが嫌なら国へ帰れ」なんですよ。
朴　そう、決まって言われるのが「嫌なら国へ帰れ」です。
村山　全然かみ合っていないじゃないですか。でも、それで言いこめてやったという達成感を持つ人たちがいるらしく、嘆かわしい限りです。
朴　私たちは日本で生まれて暮らしています。「国へ帰れ」と言われると、存在を否定され、そもそも生存権がないみたいじゃないですか。親の代から、祖父母の代から、それこそ100年前からそう言われ続けてきて、そして私の子どもや孫までも「国へ帰れ」って、まだ言われ続けるんだろうか。そういう言葉がどれほどむごいかを知ってほしいですね。
村山　観光で日本へ来ているわけじゃないんですからね。
朴　以前、私に対してインターネット上に「ここは日本人のためだけの国ですから、出ていってください」という書き込みがありました。自分の身に置き換えて、少し想像力を働かせてみたらどうかと思いました。たとえば、「ここはフランス人だけのための国だから、日本人は出ていってください」と言われたらどんな気持ちになるのか。日本人もいろいろな国で暮らしていますよね。日本にも多様な人たちが暮らしているのに、何人《なにじん》だけのためというふうに言われてしまうと、今ここで生活している、それ以外の人たちの命や暮らしをどう考えているんですかと思います。住民として意見を示すことのできる地方参政権があれば、多少は対応も変わるんでしょうけど。

ずいぶん前に、私がラジオ番組のコーナーを担当していたとき、リスナーから「慶南さん、何で選挙権ないの？　税金払ってないの？」と質問されて、「税金払っていても選挙権ないんだよ。しかも長い間、国民健康保険に入れなかった」と言うと、みんな驚くんですね。国民健康保険には１９６５年まで国籍条項があったので、それまで保険証も作れなかったんですよ。

朝鮮出身であることを明かせなかった力道山

村山　医療費がめちゃくちゃかかるわけですよね。病気になれませんね。

朴　私は子どもの頃から、しょっちゅうお医者さんにかかっていたので親は大変だったと思う。
村山　でもね、日本人はとかく、日本は日本人だけの国だって言いたがるけど、25年ぐらい前かな、私はイギリスを長く旅していた時期のことを思い出すんです。最初の結婚のときですが、旅の途中で当時の夫が椎間板ヘルニアで立てもしないし、座れもしないし、寝られもしないという状態になってしまって、緊急外来に行ったんですよ。それで、支払いとなったら、無料だと。旅行者の救急に関してはただでいいって言われて、いっぺんにイギリスが大好きになっちゃった。
そりゃ、あの国にだってたくさん問題があるに違いないけど、でも少なくともイギリスは、医療という命の根幹に関わる領域では、この国は私たちだけの国です、だなんてみっちいことは言わないわけじゃないですか。
朴　何人だからと線を引いて排除するわけじゃないんだもんね。
村山　なぜ日本はそういう懐の深さを持てないのかな。こんなに心の狭い国になってしまって。
朴　島国というのが影響しているのだろうか。島国根性という言葉もあるでしょ。

村山　イギリスだって島国ですよ。

朴　そうか。日本独特の排他的な体質ってありますよね。

　誰もが当たり前のように、ありのままの存在として認められ、尊重される、そういう社会であってほしい。

村山　私も本当にそう思います。

朴　古い話になるけれど、力道山という人気レスラーがいて、彼がアメリカ人レスラーを空手チョップでやっつけると、日本人は大喝采した。力道山はいわば国民的ヒーローだったわけですが、その力道山が朝鮮出身であることを明かせなかったというのも、何とも言えない戦後日本の現実だと思います。

　いまだに似たようなことが続いているそうです。ある俳優さんが、自分が在日コリアンであるとカミングアウトしたいと言うと、所属事務所から、商品価値が下がるからやめてくれと言われた。コマーシャルの出演依頼も来なくなると。自らの出自を明らかにすることで商品価値が下がると言われる社会って、何だろうと思うんです。

村山　つい最近も、ある韓国出身の女性タレントさんがある企業のＣＭに出たら、猛烈なバッシングを受けましたよね。バッシングのきっかけはＳＮＳで広まった過去の番組のほんの一部の切り取り映像で、その中でその女性タレントは「日本は世界の恥です」と発言して泣いているんです。なぜって、国会議員である杉田水脈《みお》氏が「ＬＧＢＴは生産性がない」という、とんでもなく偏った意見を公にしたことについての抗議でした。ちゃんと通して聞けば女性タレントの言っていることこそ真っ当なのに、ここでも出自への差別によって、いわれのないバッシングを受けてしまう。本当に腹が立ちます。そうかと思えば一方で、今、韓国から来るタレントさんは、「商品価値」がすごく高いじゃないですか。ドラマでも映画もＫ‐ＰＯＰでも。

朴　だから屈折しているの。日本人にとって身近な在日コリアンとなると、韓国人の俳優さんや、Ｋポップの歌手とはまったく別の存在となるんです。

村山　どうしてそこが別なのかよく分からない。韓国人アーティストを当たり前に素敵と思えるなら、好きな俳優さんが在日コリアンだとカミングアウトしたときでも喜べばいいのに。

朴　喜ばなくても、「そうなんだ」と普通に受けとめてほしい。私が本名で暮らすのは、この社会に当たり前のように、朴慶南という名前の在日コリアンが存在するということが、ほんの少しでもまわりの人たちに浸透していくと思うから。宅配便の人が来ても、町内会の当番をしても、名前を書くと「朴慶南」だから、こういう私を通して在日コリアンを知ってほしいですね。

「あちらの人」という偏見の言葉

村山　私が子どもの頃から20歳まで暮らした家の、大家さんの息子さんのところへ来たお嫁さんが、今から思えば在日の人だったんです。いつも姑《しゅうとめ》さんにいじめられて泣いてはうちへやって来て、うちの母にこぼしていた。私はそのお姉さんが大好きだったんです。「お姉さんは何でそんなにいじめられるの」と母に訊くと、「お姉さんのお母さんが別の国の人やからいじめられるのんよ」って言われました。「ふうーん。お母ちゃんが大阪の人でも私は全然いじめられないのに、変だね」って言ったら、母は「いや、それとこれとはちゃうねんよ」と。なるほど、それとこれとは違うことなのかもしれないけど、今改めて考えると、本質的には、それとこれとは同じことだと思うんですよ。

朴　本当はそのはずですよね。すべての人が違っていて、すべての人が対等であるべきなのですから。

村山　そう、同じことじゃないとおかしい。きれいなお姉さんで、確かに日本文化と違うような振る舞いをすることはありましたけど、本当に優しくしてもらったんで、私は大好きでした。

朴　それが自然の感情ですよね。大人の世界では、よく「あちらの人」という言葉も出ますよね。「あちら」とか「こちら」という区別は、得てして偏見をはらんでいる気がする。

村山　私の最初の旦那さんがはじめて家に来たとき、何だろう、顔立ちからそう感じたのか、帰った後で母から「あちらの人かと思った」と言われたことを思い出します。とてもショックでした。彼がそう見えたことがどうこうではなくて、敬虔なクリスチャンを自認して、普段もそのように振る舞っている母の口からそういう言葉が出たことが。

朴　「あちらの人」ってどちら？　って思いますよね。在日コリアン3世の歌手、李政美《イヂョンミ》さんが、長く一緒に音楽活動をしてきた日本人の友人の歌手と、舞台の上でしゃべることがあったんです。そのとき、友人の歌手が「あちらの人」という言い方をして、本人には悪気はないんだけど、政美さんと私は傷つきました。差別意識などないはずの友人ですら、そういう発想が刷り込まれているのか、と。それを聞く私たちの側からしたら、やはりそれは傷つく言葉です。普通に韓国人とか朝鮮人と言えばいいのに、「あちらの人」という言い方には特別なニュアンスが付随される。アメリカ人を指して「あちらの人」とは言わないじゃないですか。

村山　言わないと思います。無意識のうちにも偏見が込められている。

朝鮮半島分断の悲劇

朴　一つ知ってもらいたいのは、朝鮮半島の民族分断の悲劇です。なぜ38度線で南北に分断されたかということです。歴史的に見ると、朝鮮半島は日本の敗戦時点では日本の領土でした。日本軍がまだ武器を所有しているということで、それを武装解除するという名目で、朝鮮半島の北からソ連が、南からアメリカが入ったんです。一説には、38度線はもともと戦争中、大本営が本土決戦に備えるため、以北は関東軍の管轄《かんかつ》、以南は大本営の直接管轄という仕切りで分けたとも言われています。日本の敗戦後、北はソ連の、南はアメリカの支配下に置かれました。

村山　東西ドイツと似たような事態だったんですね。

朴　まさにそのとおりで、ドイツは二分割されましたが、同様に、連合国側による日本本土に対する分割統治計画もあったんです。

たとえば、ソ連は北方四島と北海道を占領する計画を持っていたり、アメリカも、イギリス、ソ連、中華民国で日本を分割統治する案を検討していたんですよ。結局、分割占領ではなく、GHQによる日本国政府を介した間接統治となる歴史があります。つまり、日本を分断するつもりだったのが、その分断線が朝鮮半島にだけ残り、朝鮮という国の分断になってしまったということなんです。だから、もし、もっと早く戦争が終わっていれば、少なくともソ連が参戦する前に終えていたら、分断もなかっただろうと。

村山　原爆投下もなかったかもしれませんね。

朴　ええ、東京大空襲も沖縄戦もなかったし、特攻隊で命を失う若者もいなかったでしょう。でも当時の日本は、戦況が圧倒的に不利のまま、戦争終結に持っていくという決断ができなかった。「今一度戦果を挙げなければ粛軍の実現は困難である」というのは昭和天皇の言葉(『昭和天皇実録』)ですからね。

村山　一撃講和論というやつですね。

朴　そうです。その意味で言うと、38度線での朝鮮半島分断というのは、戦争終結を決断できなかった日本の犠牲になったということでもあるんですよね。連合国側が、敗戦国であった日本の国土に対して行なおうとした分割を、朝鮮が日本に成り代わって引き受けさせられた。しかも、その38度線を挟んで争われた朝鮮戦争が、結果的に日本経済を復興させ、日本をアジア一の経済大国に押し上げるきっかけとなった。朝鮮民族としては、こんな理不尽なことはないでしょう。

ノンフィクション作家の斎藤貴男さんが書いていましたが、東京タワーの鉄骨には、朝鮮戦争で使われた米軍戦車の鉄が再利用されていると言います。同族が殺し合った悲惨な戦争の遺物を使って建てられたのが、東京のシンボルである東京タワーですよ。

何だか熱を帯びてきていますね、私。

村山　慶南さんの熱弁には引き込まれるので、今の政治家よりずっと政治家に向いていると思います（笑）。

朴　私には被選挙権もありませんので、政治家にはなれませんが（笑）。

『愛の不時着』という、日本でも話題を呼んだ韓国ドラマがありますよね。愛する者同士が南北に引き裂かれるシーンなど、涙、涙だったという視聴者の声が多いんですが、日本人の視聴者たちに、分断の悲劇と現実がどれほど理解されているのだろうかと思うところもありました。

村山　私、あのドラマを観て以来、それまでは特段何とも思わなかった韓国の言葉が、ただ街角で耳にしても全部、美しい愛の言葉に聞こえるようになっちゃって（笑）。でも考えてみたら、それもまた物語の力であり、文化交流がいかに大切かという証でもありますよね。

私を通して在日コリアンを知ってほしい

朴　1990年に東西ドイツが統一したとき、「キョンナムさんと語る」という私のラジオ番組のコーナーに、若い人たちから私宛に「なぜ朝鮮半島は分断されたんですか」とか、「朝鮮半島の統一は無理ですよね」というハガキが来たので、私は答えたんです。「もしも日本が大阪あたりで分断されて、家族、兄弟姉妹が別れ別れになって、手紙もやりとりできないし、50年、60年も会えないような状態になったことを想像してみて。朝鮮半島ではずっとその状態が続いているんだけど、でもそれは、そもそも本来ならばドイツがそうであったように、敗戦国の日本が分割されるはずだったんだよ」

そういう想像力を働かせてほしいと話したら、若い人たちが、ちゃんと自分に引きつけて考えてくれました。私は、保育園主催の集まりで、幼児も含めて講演したことがあります。保護者たちも一緒なので、どちらにも分かるように話さなきゃいけなくてね。

住んでいるところの真ん中に線を引かれて、ここからこっちにいる人には、もう会っちゃいけない、話しちゃいけない、となったら悲しいよね。お父さんがこっちで、お母さんはあっちで、手紙も出せないし会うこともできないんだよ、と。慶南さんの国はそういう状態が続いているんだ、と話すと、「ああ、そうなんだ」って、子どもたちにも理解してもらえたようでした。

歴史の教科書みたいな話ではなくて、そこに生きている人間の喜怒哀楽が込められた物語をどう伝えられるかなんですよね。

村山　伝わるでしょうね。慶南さんは語り部だしね。

朴　一番すっと入るのは、生活感覚からくる話なんです。自分が体験した話や、実感のこもった言葉が伝わりますね。

父親が子どものとき後にした韓国の故郷に、七十数年経っても帰れなかった話、そしてようやく帰ることができたときのエピソードなどを話すと、みんなすごく心を重ね合わせてくれるし、自分の立場にも引きつけて考えてくれる。日本にだって、東日本大震災による原発事故で故郷に帰れない福島の人たちもいるわけだし、人を通しての物語性のある話が一番心に入るようです。

村山　後は、たとえば友だちに在日コリアンが一人でもいると、我が身への引きつけ方が違うんですよね。

朴　本当にそうです。いるといないでは大違い。ラジオをやっていたとき、「僕は在日の友だちが一人もいない」という若い人がいて、「いるよ、ほら私がいるじゃない」と返したんです。「今日から友だちだよ」って。だからコーナーのタイトル「キョンナムさんと語る」は、私と出会って、私を通して、在日コリアンという存在を知ってほしい、という気持ちでやっていました。

　私を通して日本人の自分がよく分かった、と言ってくれるリスナーの男の子もいました。日本人として自分がどう生きるかが、鏡を見るようによく分かったって言われたんです。それこそ、私は自分が朴慶南という存在でよかったと思いましたね。

安倍元首相は拉致問題を利用した

村山　それは慶南さんならではの豊かな出会い方ですね。分断の悲劇に対して、その過去の経緯からして、日本にはやるべきことがあるのではないか、と思います。

朴　朝鮮半島のことで言えば、もう一つ日本政府のやるべきことは、拉致問題の解決ですよ。安倍元首相は拉致被害者を救うと言って、そこからわき上がる圧倒的な世論を背景に台頭し、その勢いで首相にまでなったところがあるのに、結局、首相在任中は何一つやらなかったですものね。

小泉純一郎元首相の新自由主義的な政策には大反対でしたが、拉致問題に関しては彼の方が、はるかに行動力がありました。北朝鮮に渡って、5人の拉致被害者が日本に帰国できるようにして、ともかく事態に風穴を開けましたものね。結果的には流れてしまったけど、日朝平壌《ピョンヤン》宣言という相互の取り決めまで作った。それに比べて安倍さんって、自分の政権を維持するために利用だけして、あんなに何もしなかった人はいないですよね。

村山　そして、それに輪をかけて何もしないのが岸田さんですね。

朴　民衆のためになることを何にもしないだけでなく、軍拡増税や原発再稼働など、とんでもないことばかりを、どんどんするじゃないですか。

村山　安倍派に遠慮ばかりしているんでしょう。

朴　安倍派に気に入られたいから、政策を踏襲している。いや、さらに推し進めています。

村山　そうじゃないと、政権が持たないと思っているんでしょうね。安倍さんに戻ると、拉致問題を利用して何もしなかっただけでなく、むしろ止めたと思います。

朴　日朝間のストックホルム合意というのもあって、北朝鮮側から拉致被害者についての新しい生存情報があったのに、日本政府はそれを公表しなかったという報道がありましたね。日本側が重視していた横田めぐみさんらの生存についての情報ではなかったから、と言うんです。

村山　ひどい話ですね。

朴　本当に拉致された人の側、家族の側に立って、彼らのために何とか解決しようって気持ちがあったのか疑問です。たぶん、自分の政権を維持することしか頭にないから、政治に血が通っていないんだろうと思います。

村山　被害者家族から、あんなに頼られていたのに、いいことだけ言って利用するだけだった。
朴　私たちが外交した方が、よほど進むような気がしてならない。
村山　江戸時代に韓国から来た朝鮮通信使みたいにね。
朴　そう、前にも話したけれど、朝鮮通信使は秀吉が朝鮮に攻め入った文禄・慶長の役の後、日本に拉致された人たちを探すために始まったもので、そのマイナスをプラスに転じさせて、そこから友好を築いていった。
　北朝鮮の拉致問題も、日本側から友好の使節として入って行って拉致被害者を探して、共に本当の平和外交を模索していく道すじが作れないだろうか。そのためには、国交が結ばれて自由に往来ができるようにならないとね。
　北朝鮮に今のような核軍拡をやめさせるためには、北朝鮮の体制に問題があるにしても、アメリカを説得して、まだ休戦状態にすぎない朝鮮戦争を本当の終戦にすべきです。その平和外交こそが、日本の政治家のやるべきことだと思う。
村山　それこそ、日本の責務だよね。
朴　私たちは外交の当事者にはなれないけれど、民間から声を上げていきたいね。

村山　声を上げなければ何も変わりませんものね。慶南さんの発信力にも期待しています。

男社会は同性愛を忌避する

村山　以前、『100分deフェミニズム』っていうテレビ番組を見ていたら、そこで上野千鶴子さんが紹介されていた本が、アメリカの文芸評論家イヴ・K・セジウィックの『男同士の絆《きずな》　イギリス文学とホモソーシャルな欲望』（上原早苗・亀澤美由紀訳、名古屋大学出版会、2001年）でした。ホモソーシャルとホモセクシャルとホモフォビア、それぞれの違いについて書かれたこれを読んだら、今の男性社会が、なぜ同性婚をそこまで嫌って抵抗を示すかがよく分かったとおっしゃっていました。

朴　なるほど。男性社会が、同性婚に抵抗を示す理由を知りたいですね。

村山　上野さんによると、ホモソーシャルというのは男性社会の日本の中ではあちこちに顕著に出現する。分かりやすく言えば、議員連盟みたいなものですね。

朴　男ばっかり、ずらっとね。

村山　そのホモソーシャルな男性社会は、性的な好悪とは別で、いわゆる男が男に惚れたとか、江戸時代の武士道とか、ヤクザの世界の俠気《おとこぎ》みたいな、そういうところで成り立っている。

村山　つまり女性から愛していると言われるよりも、同じ男から「おぬしやるな」みたいな褒め言葉が一番というメンタリティ。

朴　任俠的な世界ですか。

朴　軍隊にもきっと、男同士という感じの関係性が過剰にあるでしょうね。

村山　そう、男にとって何よりの恍惚《こうこつ》は、おぬしやるなとライバルから認められることである、と。そういうホモソーシャルな社会の中では、ホモセクシャルである人間は、まず排除される。男性同士の恋というふうなことは、そこに持ち込んではいけない感覚だから だ、というんですね。つまり、ホモセクシャルを嫌うホモソーシャルから、ホモフォビア――同性愛嫌悪症が出てくるということです。だから結局、男社会の絆は、同性愛を忌避する。特に男性同士の同性愛を、というんです。

朴　この男、できるなと言いながら、ホモセクシャルはダメなんですね。

村山　男として好敵手として絆ができるのはいいんだけど、そこに性的なものが入ってくるのは言語道断なんだそうです。言ってみれば既存の不文律を壊すから。

朴　でも、そもそも性的な志向は人間の自然な感情のうちにあるのに、それを制御するとか禁止する、あるいはそれを嫌悪するというのは不自然なことでしょう。

村山　女性同士だとわりとソフトに受け止められがちというか、男性の側には女性同士の恋愛に対する幻想のようなものがある。女性が「女の子好きになっちゃった」「お姉さまに憧れちゃった」というのは、通ってくる道として、一定の許容度はあると思います。

朴　昔はよく、「S」と言ったりしましたよね。「シスター」の略だったのかな。

村山　母は「S」って言っていましたね。私と友だちとの関係を、「あんたらSか」とか言われました。

朴　由佳さんは、女の子からラブレターもらったりしたと言っていたもんね。

ただ、国家の側からしてみたら、それも好ましいことではないんでしょうね。個人のありようを古い家族観で規制して、一家をなして子どもを産ませ、それをピラミッドのような形にして管理していく。個人間の恋愛関係も、国家が思うようにしたいという権力意志のようなものがあるんでしょう。

村山　だからこそ、古い家族観と合致するホモソーシャルという男社会のためには、ホモセクシャルもまた、あってはならないんでしょうね。

岸田政権の人権感覚の根本に関わる問題

朴　それはたぶん、旧統一教会（世界平和統一家庭連合）の考え方とか、自民党右派のコアな家族観につながっているのだと思います。だから、同性婚をめぐり「見るのも嫌だ」などと発言した荒井勝喜《まさよし》総理大臣秘書官が更迭された（2023年2月）ような問題も起きるんですよ。

荒井秘書官が、オフレコを前提にした記者団の取材に応じた際に、同性婚についての見解を問われ、「見るのも嫌だ。隣に住んでいたら嫌だ。人権や価値観は尊重するが、認めたら国を捨てる人が出てくる」などと発言した。ところがメディアがそれを報じたので、改めて取材に応じ、不適切な発言だったとして撤回し、謝罪した。それでも批判が止まらず更迭した、という流れでしたね。

村山　あのとき、肝心の岸田さんの考えはどうだったんだろう。

朴　騒ぎになったから更迭はしたものの、首相自身もさほど変わらない考え方だったということじゃないですか。だって、そもそも荒井秘書官の発言は、岸田さんが同性婚の法制化をめぐる国会答弁で、「極めて慎重に検討すべき課題」「家族観や価値観、社会が変わってしまう課題だ」と答弁したことについてコメントしたものでしょう。

村山　荒井さんにスピーチ原稿を書かせていたわけだからね。

朴　それらの発言はすべて、旧統一教会が主張している家族観と重なるじゃないですか。

村山　政教分離の大原則から考えても、もちろん倫理的にも言語道断ですよね。

朴　隣に住んでいたら嫌だなんて、驚きませんか。それを口に出して言う人を秘書官に任命すること自体、大いに責任があるでしょう。政権の人権感覚の根本に関わると思う。

村山　荒井さんは、秘書官室はみんな意見が同じだというふうにも言っていましたよね。

朴　驚き呆《あき》れるばかりです。そもそもオフレコと言われたけど、今回は新聞が報じましたよね。「毎日新聞」でしたっけ。

村山　何かと右に寄りがちなSNSでさえ「今回は『毎日』はよくやった」という声が出ていましたよ。これまでは政権に対する忖度から自主規制が多かったという話も聞きますから。

朴　よくやったも何も、私はメディアとして当たり前だと思います。

村山　本当に。それに、オフレコといえど、公的な場所で口に出してよいこととそうでないことを、心得ている必要がありますよね。

朴　それが社会で生きていくのに、必要なことですものね。

村山　こんな言い方をしたら相手が傷つくんじゃないかとか、人間関係が円滑に回らないんじゃないかという、ごく基本的な配慮もできない人ということになる。オフレコだからといって、冗談にもそんな話が出るのはおかしい。

朴　皮肉なことに、同性婚とかＬＧＢＴＱをめぐる問題は、それへの無理解な発言が出たときに、現状がよく分かる。問題は、それが判明したときにどう対処するかです。

村山　そのとおりですね。岸田さんは、荒井秘書官の更迭は早かったけど、自分の息子のケースはなかなか踏ん切りがつきませんでしたね。外国公式訪問中に公用車を使ってお土産を買ったり、首相公邸ではしゃぎ回ったり、とんでもない秘書官でしたが。

朴　息子を秘書官にすることだって、どうかと思うのに、ましてやこんな体たらくでは、どうにもならないですね。

女性を抑圧する社会は戦争国家に行きつく

村山　同性婚についての岸田さんの国会答弁に戻ると、それを認めたら社会が変わってしまうというのは、答えになっていないと思うんです。むしろ、今の社会の不都合や不備を変えるために問題提起しているわけだし、実際の社会はすでに変わってきているわけじゃないですか。国民にアンケートを取っても、ＬＧＢＴＱや同性婚への理解は年々深まっています。

朴　夫婦別姓もそうですよね。

村山　夫婦別姓に関しては、60％以上の人たちの理解がある。

朴　もう当たり前に、身近にいたりもするしね。

村山　なのに、社会が変わってしまう課題だと言って尻込みばかりしている岸田首相は、何も考えてない、しようとしてない感が、実に空虚ですよね。

朴　何ですかね、そういう意識というのは。こういうときに、自民党の女性議員は、さすがにこれはひどいと思わないんでしょうか。

村山　女性議員が女性の味方とは限らないようですね。今お話ししている件とは別のときですが、たとえば稲田朋美さんが「国民の生活が第一なんて政治は間違っています」と言い放ったり、信じがたい発言が目につきます。

朴　丸川珠代《たまよ》さんが民主党政権の子ども手当に対して、「愚か者めが」と野次ったりね。見ていて恥ずかしいです。本来なら、女性の代表でもあるのだから、女性側の立場と考えを伝えるべきなのに、男性議員のホモソーシャルな振る舞いに迎合している。

村山　名誉男性みたいな存在になってしまっていますものね。

朴　ほんとにそう。女性議員が増えてほしいと思うけど、女性なら誰でもいいというわけではないです。

村山　女性議員が女性の立場、弱い者の側から言葉を発せられないのは情けなくも悲しいことです。子どもを産まない人を生産性がないとか言うけれど、私の友人にも一緒に住んでいる女性同士のカップルが何人かいます。子どもを持ちたいと思ったとき、同性婚が認められていれば養子を取ることもできるし、国からの保障も受けられるようになるわけで、それは子どもができない男女のカップルと変わらない。生産性を云々されるいわれはありません。

朴　「生産性がない」って、とても嫌な言葉じゃないですか。

村山　先にもちょっと話が出ましたが、政治家で最初に言ったのは、杉田水脈さんでしたよね。彼女の主張を堂々と載せる雑誌もあって、内容を確認するために、嫌だけど買ってしまいました。吐き気がするような文章でした。

朴　今、少子化の問題が焦点化されていますが、もちろん人口が減っていくのは困るんだろうけれど、それには社会的な要因がある。子どもが欲しくても経済的に産めないカップルもいるだろうし、子どもを産んだとしても、ちゃんと生活もできて教育も受けさせられるような社会になっていない。それを整備するのは国の役割なのに。

村山　女性の社会進出を認めると少子化が進む、と言う政治家が多いじゃないですか。でも世界的なデータを見ると、女性の社会進出をどんどん推し進めている国の方が、少子化には歯止めがかかっている。当然、男性が子育てに参画して家事を分担することがセットになっていることが前提です。女性が進出することで少子化が進むという発想は、そもそも女性だけに子育てを押しつけているから出てくる考えに過ぎないわけで、男性も一緒に子育てや家事をやるなら関係ないはずなんですよね。

朴　スウェーデンやフィンランドでは、子どもを産んでも、女性が仕事をしやすくなっている。

村山　女性に対して「働け、今は賃金が安いから共働きしないと生活が立ち行かないぞ」と命じ、仕事から帰ってきたら今度は「子育てしろ、家事をしろ」というふうに追い込んで、そんなの子どもを産んで育てようなんて思うわけがないですよ。まずはしっかり賃金を上げてくれないと無理です。私が就職した頃と今と、初任給がほとんど同じなんですもの。

朴　物価が上がっても長らく賃金が上がらないままの現状で、子どもを産めって言われても、そんなの無理ですって。女は家庭にいて子どもを産んで育てればいいとか、夫に従うのが女の務めだとか、そういう一時代前の価値観は変わってきてはいるのだろうけれど、女性が置かれた立場は、現在も構造的には変わっていない。

村山　西洋的な考え方が入ってくる以前、日本の村社会で女性が自由だったとはまったく思わないけど、男女はむしろ今より対等だった部分もあるし、性に関しても開かれていたのではないでしょうか。

朴　もっとおおらかだったかもしれない。夜這《よば》いって言葉があるくらいだものね。

村山　お祭りとかの「ハレ」の日と、日常の「ケ」の日は違っていて、ハレの日だけは、誰とどうしても構わないという風習があったりもした。それは近親相姦《そうかん》的な関係が増えるのを防ぐためでもあったでしょうし、数少ない楽しみのためでもあったでしょうし、現実的に健康な子を産んで育てるということもあるでしょうしね。もちろんそこに問題がなかったわけではなくて、その風習によってつらい思いをする女性もいたかもしれないけれど、ただ、今の方が女性は、もっと複雑に絡み合った形で押し込められている気がするんです。

朴　それはやはり支配構造ですよ。外に向けては潜在的に戦争を仕掛けようと国を強固にし、同時に、内に向けての支配としては古い家制度を押しつけて、女性はそこで耐えろというのが、今の現実だということです。

村山　本当に嫌。女性やマイノリティを抑圧する社会は、つまり構造として、いつ軍事主導社会、戦争国家に行きついてもおかしくないということですね。

第6章　独自の価値を探して

――愛と性の自分史を語ろう

強いられた見合い結婚で痩せた

村山　女性同士の対談です。私たち自身に引きつけて「女性性」ということも語りたいと思います。私たちがどう生きてきたかということですよね。プライバシーにまで踏み込んでしまう部分もあるだろうけど、慶南さんとだったら有意義な話ができそう。私の場合は、世代なのか、それとも家での教育がそうだったのか、やはり「内なる『女大学』」なるものが、いつも発令されてしまうんです。

朴　こんなふうに自由に振る舞っているように見えても、私も内面はそうですよ。

村山　男性を立てなければとか、ここで機嫌を損ねてはいけないとか、プライドをへし折ってはいけないとか、つい思って遠慮しちゃうんですよね。

朴　同じです。私の父はとにかく、女は無口でおしとやかじゃなければいけないという人で。私の本性はまるで違うけれど、父の前では父が望むように振る舞ってました。

村山　怖いお父さんだったんですもんね。ちなみに、そうした考えを押しつけたのは、うちの場合は父ではなくて母だったんですよ。

朴　由佳さんのおうちではそうだったの。母親と父親の違いですね。
村山　女として、自分の通ってきた道を娘にも疑いなく示した、ということだったんでしょう。慶南さんは夫だった人とはどういうふうに知り合ったの？
朴　見合いです。絶対的権力者の父親に恋愛は禁じられていたし、儒教倫理では親に逆らうことも許されなかったしね。父から結婚することを強いられていたので、仕方なく夫になる人と見合いをしました。
村山　明治の終わりに伊藤野枝が無理やり結婚させられたのと近いですね。
朴　由佳さんの小説で野枝の軌跡を知って、そこは私と同じだなと思った。
村山　野枝は絶対嫌だと出奔したけれど。
朴　私の場合は野枝のように、とても出奔できる状況じゃなくて。苦労ばかりの母親と、まだ小学生だった弟がいるので、2人を残して自分だけ家出するわけにはいかなかったからね。けっこう、つらい日々が続いて、ご飯はろくにのどを通らないし、夜も寝られないことが多かった。一気に痩せたのは、その頃だったかな。
村山　何歳のとき？
朴　順を追って話すね。大学を卒業した後、1年間だけほかの大学の聴講生で京都に残ることができたけど、何とか学生生活を許されたのはそこまで。タイムリミットの日に父親が軽トラックで来て、うむを言わさず荷作りすると、そのまま鳥取の自宅に連れ戻されました。

「女が社会に出て仕事をするのはいけない」という父なので就職など許されるわけもなく、家に着いたその日から、父の「嫁にいけ」が始まったのね。私はそれに従うのが嫌で、父に対して口答えはできないから、ひたすら無言を通し続けて抵抗したけど、それも2年が限界でした。結局、25歳で結婚しました。

村山　父親の言うとおり嫁に行かないのは、朝鮮や韓国の文化ではNGなんですか。

朴　韓国に根づいている家父長制と儒教的な価値観では、たぶんNGなんでしょうね。特に父は体面をすごく重んじていたから、親の言いつけに背く娘の存在は、その体面を損なうものだったみたいです。

「親の言うことを聞かず結婚しない娘がいる。世間に恥ずかしくて外も歩けない。家を売り払い、すべてを捨てて放浪の旅に出る」とまで言い出して、実際に不動産屋さんが家を見に来たこともあったんですよ。

村山　娘は父親の所有物みたいなところがあるんですね。

朴　まさにそう。それが苦しくて、家から離れる手立てが結婚だったのね。でも、私はそういう結婚をもとから望んでいなかったので、どうしてもつらい気持ちを抑えられなかったみたい。結婚式の1週間前、親には分からないように、そっと自分の部屋の中でグレたんです。お酒は苦手なのに一升瓶抱えて日本酒を飲んだり、吸えないタバコを吸ったりして。

村山　かわいそうに。

朴　我ながらかわいそうだったね。結婚式の写真を見ると、今とは大違いで、げっそり痩せてます。

離婚して空が青く見えた

村山　抵抗しきれなかった？

朴　父の圧力に屈したかのようだったけど、私にとって、前へ進むための一歩をようやく踏み出したんだと思うことにしました。見合いをする相手に私が何を求めていたかというと、私と生き方が重なるかどうかという一点だけ。

親戚の紹介で見合いをした相手は当然、私と同じ在日コリアンの男性で、その彼が最初に語ってくれたのは、「将来、自分は韓国に住んで、韓国のために尽くしたい」ということだったの。実は、私も韓国に行きたいと思っていたんですよ。学生時代に韓国へ行く予定だったのが、直前でダメになったことがあってね。

村山　ダメになったというのは？

朴　当時、1970年に私のいとこはソウル大学に留学したんだけど、その翌年の1971年、ソウル大学の大学院に留学していた徐勝《ソスン》さん徐俊植《ソジュンシク》さん兄弟が陸軍保安司令部に逮捕される事件が起きました。過酷な取り調べに自殺を図ったとされる徐さんの、顔に大火傷を負った姿が報道されたんです。衝撃的でした。

　私はそのとき韓国に留学する予定だったのが、その事件があったため、父からストップがかけられたんですね。

村山　そこも、寸前でアメリカ行きの夢を断たれた野枝みたいね。

朴　そうかもしれない。その彼との結婚に正直、迷いはあったけど、韓国への思いが重なったことで、最終的に結婚を決めました。

村山　韓国では何を勉強しようとしていたんですか。

朴　まず韓国語の上達と、韓国では国史と言われている韓国の歴史を学びたいと思っていました。私が留学しようとしたときの韓国は、軍事政権の民主化運動が起こっていて、それを身近に感じてみたいという願望もあったように思えます。

村山　韓国の民主化闘争に身を投じようという。

朴　それは現実的にはとても難しくて、韓国の民主化にとっては厳しい冬の時代でした。1975年の11月には、「学園浸透スパイ事件」がＫＣＩＡ（韓国中央情報部）から発表されて、在日留学生29人が獄につながれたんですよ。ソウル大生だった私のいとこも、その内の一人だったの。国内の民主化運動を抑え込んでスパイ事件と結びつけるため、商用や留学で韓国へ来た在日韓国人のスパイ事件がでっち上げられたんですね。いとこは6年間、獄中生活を送りました。私も留学していたら、きっと同じ境遇になっていたでしょうね。

　私自身を振り返ってみると、日本で生まれた朝鮮人として、この地でどう生きていったらいいのか、この時代とどう向き合ったらいいのか、子どものときからずっとその意識が強くて、それが最優先でしたね。そういう中で、夫とは離婚する道を選んだんですが、納得してもらうのに時間がかかりましたね。

村山　離婚は恥だからですか。

朴　というよりも、家族と離れたくないという思いがあったんだろうし、何よりも私が〝いい妻〟をし続けていたので、どうしてもその〝いい妻〟を失うのは嫌だったのかもしれない。私への思いの深さは、申し訳ないくらい感じてました。

村山　結婚そのものは無理やりでも、過ごした年月の全部が嘘だったわけじゃないと思うんです。25歳で結婚されて、それからは？

朴　彼は結婚後、回り道をしながら当初の目的を果たし、韓国の大学で教職に就くことができました。専門の地質学で韓国に貢献し、永住する道筋もつけて、本当に有言実行の人でしたよね。当然、韓国に行きたかった私はついて行かなきゃいけないのに、それができなかったんですよ。韓国の政情不安もあったし、何より徴兵制のある韓国に3人の息子たちを連れて行きたくなくて。息子たちの日本で暮らしたいという意志も尊重したかった。

別居生活になったとき、自分が生活を背負うことになり、そこでようやく仕事を始めたんです。40歳になる少し手前で。父だけでなく、夫となった人も私が仕事をするのを認めなかったから、自分の足で立てたようで、うれしかったですよね。そんなこんなで、離婚が成立したのは私が44歳のときでした。

村山　別れないという選択肢はなかったの？

朴　一人になりたいという自分の正直な気持ちに嘘がつけなくて。夫がいないときに、空が青く見えたんですよ。

人生の「揺るがない1本の線」

村山　その感覚は分かります。

朴　由佳さんもいろいろあったからね。空が青く見えたのは、自分を取り戻せたからかもしれない。相手やまわりに合わせて、ずっと自分を押し殺していたんだよね。そこから解放されたようでした。

たぶん私の人生観には、恋愛や結婚より優先したいものがあったんでしょうね。自由もその一つだし、生きる道とつながっている、一種の思想のようなものがそれですね。

村山　その思想的なものから離れようと思うとか、あるいは思想的なものに絶望するようなことはなかったんですか。

朴　人間、成長の過程で、いろいろなことに気づきますよね。たとえば私は学生時代、自分の国と関連している学生組織で活動をしたことがあって、そこで共感したり、学んだり、疑問に思ったり、揺れたり、否定したり、省みたりする中で、今と結びつく貴重な気づきを得ることができました。本質的なところから目を逸らさなければ、仮に離れたり絶望したりすることがあっても、揺るがないものがあるんですよね。

私が言えることは、どこにいても揺るがない線を1本持つことでしょうか。生きている限り変わらずに持ち続けるような指針を。私にとってそれは、平和を願い、差別を許さず、命を慈しみ、人とつながり合っていくことです。ごめんなさい、何だかカッコよすぎますね。

村山　慶南さんはカッコいいですよ。その揺るがない1本の線を持ったのはいつ頃からですか？

朴　いつ頃からなんだろう。自分でも分からないのですが、子どものときから、私の身のまわりには社会の底辺で暮らしている人や、つらく悲しい思いをしている人たちがいつもいました。その環境が、いつしか1本の線に結びついていったのかもしれませんね。

村山　そうしたすべての経験が元になって、揺るがない1本の線を、ずっと長く持ち続けてこられたのね。

朴　ただこれは、私にとって人生における使命のように自分で思い込んでいるもので、私も常に課題に応えるように、優等生的に生きているわけではないですよ。
ちょっと話を変えると、私が小中学校のときから一番好きだったのは、本当は絵を描くことでした。絵を描くときだけは、寝るのも食べるのも忘れるくらい夢中になりました。

村山　今は描かないんですか。

朴　まったく。高校生のとき、美術の先生からなぜ美大に行かないのかと言われたこともあったんですが、あの激動の時代にのんびり絵を描いているというようなことは許されないと思ったんですね。今、振り返ると、そんな思い込みがどれほど強かったかと思います。
とはいえ、私の恋愛話も人並みにあります。さて、長くなってしまった私の話はこのくらいにして、次は由佳さんの話を聞きたいな。

村山　わ、ずるい。ご自身の恋愛話は最後にチラ出しのみですか（笑）。

朴　はい（笑）。
由佳さんは、今は三度目の旦那さんですよね。由佳さんのプライバシーを公開するようで申し訳ありませんが、作家デビュー前の１９９０年に最初の結婚をされ、２００７年に離婚、２年後に９歳年下の男性と再婚、その彼とも２０１４年に別れ、その後、お母さん側のいとこさんと再会して、この方と２０１９年に結婚された。

村山　はい、そのとおりです。

陰でグレて作家になった

朴　私は結婚1回、離婚1回ですが、これでも相当エネルギーを使いました。由佳さんのそのパワーはどこから来るのかしらね。

村山　前にもお話ししたとおり、何しろ私は昔から自己評価が低いというか、自己肯定感のない女だったんです。

朴　こんなに素敵なのに、いつも由佳さんはそう言いますよね。確かに、そうじゃないと、男の人にそう何度も失敗しないものね。

村山　どうしてあんなに寂しかったんだろうとか、どうしてあんなに誰かと性的な結びつきが欲しかったんだろうって、今になって考えるんです。今の夫は、私が言うのも恥ずかしいんですが、昔から私のことが「初恋の姉ちゃん」だったらしくて、いまだに言葉でちゃんとそういうことを言ってくれる。そうして言葉や態度で認めてもらえるようになると、愛してもらっているなとか、私がどんなに素のままの自分を見せてもこの人の気持ちは変わんないんだなとか思えて、かつての欠落した部分が満たされるんですね。

朴　気持ちがすごく安定したということでしょうね。

村山　ものすごく安定しました。今の夫とは普通に男女の関係がありますが、逆にわざわざ、めちゃめちゃそういうことをしなくても大丈夫になりました。

朴　由佳さんは母親からの抑圧が強くて、自己肯定感を持てなかったんだと思う。

村山　それもありますね。全部を母のせいにするつもりはないんですけど。

朴　ある程度、せいにしていいと思うよ。

村山　家の中にダブルスタンダードがあって、父のような考え方をしたり、母にとっては冷淡で醒めたように感じられることを言ったりすると、母は私に「あんたはお父ちゃんの子や」と。

でも、何か立派なことをやったり、成績がよかったり、お習字を褒められたりすると、「さすがお母ちゃんの子や」となる。

私は父が大好きだったから、日常的に母からそう言われていると、間接的に父を否定され続けている感じがするじゃないですか。でもそのくせ母は、すごく父が好きだったんですよ。大大大好きだった。

朴　ずいぶん屈折していますね。

村山　はじめての女の子である私が生まれた時点では、娘の存在は父の気持ちを家庭に結びつける大きな武器だったけど、いざ成長してしまった後は、父を間にはさんだライバルになっちゃったんだと思う。

朴　娘や子どもというよりも、一人の女性としてライバルだったんだ。

村山　中学生のときに父と仲よく腕組んで街を歩いていると、後ろからついてくる母がずっと「いやらしい、変に見える」って言っていたんです。

朴　それは、また妙な言葉ですよね。

村山　父と娘が仲よくしているんだから、いいじゃないかという話なんですけど、母は、いやらしい、と。

朴　由佳さんに女性を感じて、お母さんは嫉妬したんですね。

村山　私は、それを分かってあげられなかった。

朴　子どもがそこまで理解するのは難しいですよ。由佳さんはけなげに生きてきたと思う。

村山　実はそんなにけなげでもなくて、陰で人に言えないようなこともたくさんしてグレてましたよ。

朴　そういうときは陰でグレなければ。いいグレ方したから、今こうして個性豊かな作家になっているわけだから。体験はすべて文学の肥やしになっている。

村山　それはあると思います。当時から、そうして屈託を抱えている自分を客観視して、自分の中で言葉に置き換えていましたし、私にとっては空想や創作の中だけが、母の支配から逃れられる唯一の場所でした。母がいなかったら私、物書きになってないです。

阿部定の「原始性」への共感

朴　しかもその作品で、欠落感を持ったり傷ついている読者を癒やしてあげることができるし、共感も持ってもらえる。由佳さんも読者も救われるんだから、その体験はすごくいい形で社会化したと言えると思います。

村山　慶南さんにそう言ってもらえると、さらに救われる気がします。

今の夫がいとこであることで何が楽かと言うと、彼の父親とその姉である私の母親はよく似ていて、彼は父親が嫌いだったし、私は母親とうまくいかなかった。だから彼が私の母、彼にとっての伯母をよく知っているということが、私の慰めになるわけです。私が過去のことで「こんなんがつらかったわ」と言うと、「いやあ、あのオバチャンやもんなあ、よう分かるわ、そらしんどかったな」と受けとめてもらえる。

朴　それは本当に救われるね。

村山　苦悩していた過去のいろいろな自分が成仏していくんです。

朴　それを分かってくれる人は、今までいなかったのかしら。

村山　いなかった。母親と娘ってたいていそういうもんだからね、という一般論に落とし込まれちゃう。確かにそうかもしれないけど、母と私の関係はそうじゃないところがあるんだよと焦《じ》れて叫び出したいような思いがずっとありました。

今、同じく作家の馳星周《はせせいしゅう》さんが、一番お付き合いのあるご近所さんなんですけど、由佳っち、何で最初から彼にしなかったんだよって言われるほどです。そんなこと言ったたって、ねえ？（笑）

朴　それは回り道してたどりつくものですよ。

村山　今の夫は5つ年下で、子どもの時分の5歳差って大きいでしょ？　でも25年ぶりに会ってびっくりしたの。私の方はヒョロヒョロの中学生としか覚えてなかったのに、あまりにもむくつけき男になっていたので。

朴　初恋の由佳さんと一緒になれたなんて、彼はどれほどうれしいことでしょうね。今、彼は、最高に幸せですよ。たぶんこれは終着駅になりそう。

村山　でも小説の担当編集者たちって、そそのかすんです。本当にこれで終わりですかとか、村山さんがこれで落ち着くわけないじゃないですかとか、もっと何かあった方がいいんじゃないですかとかね。

朴　まあ、何てことを。悪いやつらだな（笑）。

村山　いい小説を書くためには、おとなしく収まっちゃいけませんとかね。

朴　また波乱を題材に、作品が一つできるという目論見《もくろみ》なんですね。

村山　でも私としては逆に、今みたいな落ち着いた足場固めができていなかったら、たとえば野枝の物語は書けなかったと思う。

朴　今だから生み出せる作品を、これからはどんどん書かなくてはね。

村山　歴史を題材にした骨太な小説は、恋愛にうつつを抜かしながらは書けませんからね。

朴　次の作品は、大正期のアナキストの金子文子《ふみこ》でしたっけ。

村山　彼女についてもいつかは書きたいと思っているんですけど、なぜか阿部定の方に行っちゃって。『二人キリ』という小説を連載して単行本で出したんですが、阿部定は、野枝とはまた全然別の意味で、手ごわかったです。そしてこの作品にも、李友珍という在日朝鮮人の俳優を登場させて、日本人と争いになる場面を書いたんですよ。どうして民族が違うからって対立しなきゃいけないのか、と。

朴　阿部定の関東大震災体験というのは？

村山　関東大震災をたぶん彼女はほとんど覚えていなくて、それはまさにそのときに男の上にいたかららしいんです。その「揺れている」情景をこの間書いたばかりです。阿部定は、野枝に比べると、こう言っては何ですが教養がない分だけ、原始的で本能に忠実なんですよ。

朴　本能のままに生きた人のようですね。度が過ぎるほど。

村山　何でそうなるかなって感じで、突っ走っちゃうの。

朴　そういう阿部定にどこかで共感したり、理解を深めたりしながら、由佳さんは書いているんでしょうね。阿部定は、確か、ずいぶん長生きしましたよね。

村山　そうなんです。１９６０年代末に、猟奇事件を起こした女性たちの映画が作られたんですが、それにちらっと本人が出ているんですよ。それが、私たちが見ることができる、生きている阿部定の最後の姿です。阿部定は旅館の仲居さんをしていて、そこから行方をくらますんですが、そのときは置き手紙があって「ショセン私は駄目な女です」と書かれていた。

その後十何年間もずっと、阿部定が男性器をちょん切った吉蔵《きちぞう》のお墓に、命日には花が届いていたというんです。

村山　えっ、それは彼女が？

朴　彼女じゃなかろうかとも言われています。彼女だとしたら、相当長く生きたことになりますね。花が届いていたのは1986年までという説もあるくらいですから。

朴　何ともいえない女心ですね。由佳さんが阿部定にどう迫ったのか、楽しみです。

樺《かんば》美智子遺稿集『人しれず微笑《ほほえ》まん』の痛み

朴　私たちがどんな本を読んできたかについても話したいと思います。読書体験というのは、私たちが人間としてどう形成されてきたかを振り返るヒントにもなりますよね。

まず、私から話させてください。小さいときはやはり漫画ですね。貸本もありましたが、うちは鉄くず屋だったんで、古本がいっぱい運び込まれるんです。だから、その本の山にうずもれて、片っぱしから漫画や本を、ずっと読みふけっていました。

村山　子どもの頃に漫画を読んだというのは、具体的には？

朴　あまりにも乱読したので何を挙げたらいいか分からないけれど、手塚治虫の『火の鳥』や、もう少し後には白土三平《しらと》の『カムイ伝』に夢中になりましたね。

小学校時代は、図書室に通ってはシャーロック・ホームズのシリーズとか、『海底二万里』『ポンペイ最後の日』などに夢中になり、中学・高校では、世界の文学に興味を持ちました。特にロシア文学に惹かれ、トルストイの『戦争と平和』やドストエフスキーの『罪と罰』とか。チェーホフの短編も好きでしたね。

フランス文学なら、ロマン・ロランの『魅せられたる魂』や、『ジャン・クリストフ』、ロジェ・マルタン・デュ・ガールの『チボー家の人々』とか、長編小説をよく読んでましたね。

痛みとともに記憶に残る本では、1960年の安保闘争で亡くなった、東大生の樺美智子さんの遺稿集『人しれず微笑まん』があります。私が何かをやり抜くときに支えてくれて、胸深くで大事にしていたい本でした。

2人の女性が殺害された小松川事件で、犯人とされた李珍宇《イチヌ》という在日コリアンの死刑囚の少年と、作家の朴壽南《パクスナム》さんの往復書簡をまとめた『罪と死と愛と』（三一新書、1963年）も、私にとって印象深く心に刻まれています。李珍宇が、朝鮮人としての自分を取り戻すまでの過程を描いたものでした。

高校時代の私は詩が好きで、中原中也、萩原朔太郎《さくたろう》、八木重吉、ランボーの世界にも、どっぷり漬かりましたね。私の著書のタイトル『ポッカリ月が出ましたら』は、中原中也の詩「湖上」の一節です。

社会的関心としては、高校生のときから近くの書店に注文して、岩波の月刊誌『世界』を定期購読していました。内容が難しくても、地方に住む高校生の私と社会をつないでくれるようでしたね。『世界』に1973年から88年まで連載され、韓国の軍事独裁政権下での民主化運動の動きを伝えてくれていた「韓国からの通信」を書いていたペンネーム「T・K生」は後に、韓国の宗教政治学者の池明観《チミョングァン》さん（1924年―2022年）だったと明かされますが、この連載に私はずっと励まされていましたね。

大学時代は、岩波新書から、けっこういろいろな知識を得ていました。

村山　漫画も含めて、クラシックで正統な教養ですね。

朴　本はそうでも、身につくかどうかは別問題ですから。

それから映画ですが、笑ってください。ロバート・ワイズ監督、ジュリー・アンドリュースが主演した『サウンド・オブ・ミュージック』。当時、学生時代に付き合っていた男の子が、ドジな主人公のマリアが私にそっくりだって言うもんで、観ましたね。舞台となったオーストリアが、ナチスドイツに併合されている時代背景がよく伝わってきました。

村山　それはつまり、よっぽど魅力的だったってことじゃないですか！　あれは、子どもの頃は分からなかったけれど、時代背景を知ったうえで観ると深い映画ですよね。

朴　大学時代はイタリアン・ネオリアリズム作品も、よく観ました。ヴィットリオ・デ・シーカ監督『自転車泥棒』とか、ロベルト・ロッセリーニ監督『無防備都市』とか。ジッロ・ポンテコルヴォ監督『アルジェの戦い』は、植民地支配に抗うギリギリの闘いが描かれていて、心を揺さぶられましたね。ソ連の映画で、セルゲイ・エイゼンシュテインの『戦艦ポチョムキン』にも衝撃を受けました。

村山　慶南さんは、大学時代に学生運動とか民族的な運動にも関わられていたわけですけど、マルクスなんかは読まれましたか。

朴　最初に奨学金をもらったとき、『資本論』を買ったんです。でも、全然ちんぷんかんぷんで分からない。これはエンゲルスの著作ですが、『空想から科学へ』は、誰もが平等な社会が現実に作れたらいいなとは感じました。『共産党宣言』にも魅力は感じたけど、完全に染まることはなかったです。悪意を持って人間社会の本質をえぐるような、アンブローズ・ビアスの『悪魔の辞典』を同時に読んでいたぐらいですから。

岡真史《まさふみ》『ぼくは12歳』から受けたショック

村山　私の番ですか。私が在日コリアンという存在にはじめて触れたのは、小学校6年生のときに読んだ岡真史さんの『ぼくは12歳』（筑摩書房、1976年）という本でした。死を目指す在日コリアンの少年と、それを防げなかった親の悲しい苦悩を描いた作品でした。

朴　作家の高史明《コサミョン》さん、岡百合子さんご夫妻が、自殺した息子さんが残した文章をまとめたんですよね。高さんも2023年7月15日に亡くなられました。

村山　はい。小学校の先生がすすめてくださって、『ぼくは12歳』を読んで、そこから高史明さんの『生きることの意味』（筑摩書房、1974年）も読みました。それまで読んできた本とまったく違うわけです。小説でもない、物語でもない。作者は日本人ではないんだけれど、日本で暮らしていて、日本語で書いている。

当時小学生の私は、そこではじめて、日本にいて生きづらい人たちがいるんだということを知りました。高史明という名前が頭に深く刻まれるほどショックでしたね。子どもだから、「たかふみあき」だと思って読んでいたら、「コサミョン」という名前だと分かった。亡くなる少し前に Twitter（現・X）で高史明さんのお名前のつぶやきが流れてきて、久しぶりに『ぼくは12歳』のことを思い出したんです。

私にとって、民族の違う人がこの日本にいるという知識の原点。自殺という現実、その感覚にも、そのときはじめて触れたのかもしれない。

朴　年齢も12歳だから、変わらないものね。

村山　そうなんです。忘れられない読書体験でしたね。

中学に入ってからは、ラルフ・ネルソン監督の『ソルジャー・ブルー』という西部劇が心に刺さりました。映画は１９７０年に作られていて、「サンド・クリークの虐殺」という騎兵隊によるネイティブ・アメリカン大量虐殺事件を描いている。当時はそうした言葉じゃなく、まだ堂々と「インディアン」と呼ばれていました。ジョン・ウェインがヒーローを演じる、正義の味方的騎兵隊像にみんな親しんでいるところに、あの映画は衝撃を与えたと思うんです。主人公の若者は騎兵隊に憧れて入るんだけれど、騎兵隊がインディアンたちに残虐なことをしていることに直面して、現実に目覚めるという話です。

朴　ネイティブ・アメリカンの側から描いた西部劇という感じなんですね。

村山　まさにそうです。それまで私はインディアンのお嫁さんになるのが夢でした。学校から走って帰ってテレビの『ララミー牧場』を見るような少女で、西部劇の世界、特にインディアンに憧れていた子ども時代だったので、『ソルジャー・ブルー』を観てはじめて、彼らが置かれた立場を知って、当時は言葉にならなかったんですけど、今は分かります。歴史というのは勝者が語り伝えてきた物語にすぎなくて、真実は見る角度によって全然違うということが、あのときはじめて体の中に入ったと思うんです。

廃工場で拾ったエッチな雑誌

村山　後は、親の本棚が雑多だったから、それを雑多に読み散らしました。父は翻訳ものが好きでしたから、フレデリック・フォーサイスの『オデッサ・ファイル』とか『ジャッカルの日』とかを、難しい漢字は飛ばしながら読みました。

母は田辺聖子さん、瀬戸内晴美さん、藤本義一《ぎいち》さんなどが好きでしたね。そういうところから、エッチなこと書いてないかなみたいな感じで盗み読みしていきました。これは父の本だったと思うけど、小松左京さんのＳＦスパイ・アクションの『エスパイ』にはお色気シーンも描かれていて、そういう積み重ねから、少しずつ性的な知識を蓄えていきました。最初はよく分からないんだけど、いろいろと読むうちに、照らし合わせながら真実に近づいて行くみたいなのがありましたね。

10歳離れた兄の部屋には『ＧＯＲＯ』とか『平凡パンチ』とか『プレイボーイ』があるわけです。母が「こんなとこに置いといたら、由佳が見るやないか、アホ」って言っていたから、見ちゃいけないものなんだなと思って、こっそり見に行く（笑）。

本宮ひろ志さんの『俺の空』とか、小池一夫さん原作、池上遼一《りょういち》さん作画で『ＧＯＲＯ』に連載されていた『Ｉ・餓男（アイウエオボーイ）』っていうのがあったんです。愛に餓える男っていう、すっごいエロチックな話。そういう漫画をそれこそ盗み読みしました。

朴　『アイウエオボーイ』というのは、はじめて聞きました。

村山　でしょうね（笑）。そういう作品をやたらと強烈に覚えているんです。

後は家の近くに廃工場があって、そこへ忍び込むと、働いていた人たちが読んでいたエッチな雑誌がいっぱい捨ててある。それを片っ端から読んで、何で女の人はこういうことするとき「死ぬっ」て言うんだろうとか、「いく」ってどこへ行くんだろうとか、疑問を持ち始め、やがて答えにたどりつくわけで、だから、すごい耳年増というか目年増で、ませていました。クラスで一番そういう知識があったんじゃないかな。

朴　そういう体験が、性愛文学の第一人者の原点になったと言えそうですね。

村山　そうなんですよねえ。

それと、ジョン・ウェインには惹かれずに『ソルジャー・ブルー』、というのと同じように、テレビドラマで言うと、みんなが見ている『水戸黄門』じゃなくて『木枯し紋次郎』とか『座頭市』とかに惹かれましたね。

朴　紋次郎を演じた中村敦夫《あつお》さんとは親しいんですが、教えてあげたいですね。

村山　中村敦夫さんの紋次郎とスナフキンが初恋かもしれませんね。何かアナーキーな方にシンパシーを覚えてしまうんですね。『座頭市』の誰も救われないような話とかね。座頭市は凶状持ちと言っても「自ら望んで人を斬ったことは一遍もありません」というように、殺気を持って近づいてきた相手を斬るわけですから、目が見えない者の自己防衛でもある。あの暗い世界に巻き込まれるというか、吸い寄せられました。いまだにDVDを買っては見直しているんです。

朴　『座頭市』はすごいですよね。勝新さんは、私の兄貴分の作家の梁石日《ヤンソギル》さんに惚れ込んで、原作を書いてほしいと頼み続けていたそうです。

村山　そうでしたか。実現したらどんな作品になっていたかしら。観たかったですね。

理不尽な悲劇に惹かれる

村山　漫画だと『スケバン刑事《デカ》』で有名な和田慎二さんが好きで、和田さんのドラマ作りの才能って、現代のアレクサンドル・デュマみたいな感じもあって、そのものすごい骨太な復讐劇《ふくしゆうげき》とかを一生懸命読んでいました。

　思いつくままに話して恐縮ですが、動物ものだと『シートン動物記』から始まって、家にあった、野生動物の写真がふんだんに載っている雑誌『ナショナルジオグラフィック』とか、後は小野木学《おのぎがく》さんの絵本『かたあしだちょうのエルフ』みたいなのも好きでしたね。

朴　懐かしいね。

村山　そして、それらすべての原点といえば『ごんぎつね』。コミュニケーションがうまく機能しないために片方が死ぬというような話が大好きだったんです。

朴　胸痛くなる話だよね、『ごんぎつね』は。でも、それが「大好き」というのは、由佳さん独特の感覚ですね。

村山　私の中ではスタインベックの『ハツカネズミと人間』という中編、最後は理不尽に人が死ぬ話なんですけど、それと『ごんぎつね』は双璧で、本棚の同じところにしまわれています。私のデビュー作『天使の卵』も、最後にヒロインが死んでしまうんですが、どこにカタルシスを覚えるかという意味では、『ごんぎつね』以来の感覚がつながっているのかもしれません。

朴　悲劇が大好きというのは、そこである種のカタルシスが感じられたということなんですね。

村山　そうなんです。胸はもちろん痛いし、涙もするんですけど、理屈で片づかない理不尽な悲劇がそのまま提示されている物語に、妙に惹かれてしまいます。たぶん自分にマゾッ気《け》があるからでしょうけれど、救われない物語が好きなんでしょうね。

朴　マゾは痛めつけられる側ですね。

村山　そうです。でも、痛いだけじゃ嫌なんです、そこに愛がないと。

朴　由佳さんの読書歴と性的嗜好《しこう》から、村山作品の大事な部分が見えてきた気がします。

ここで、急に週刊誌的な質問になりますが、そんな由佳さんはなぜ三度も結婚を？

村山　すっごくくだらない話をしていいですか。

朴　どうぞどうぞ。「人間みんな俗物や」というのが梁石日さんの口癖です。

村山　私ね、2番目の夫に腕時計を貢いだわけですよ。「パネライ」というけっこう通好みのイタリアの時計だったんですけど、最初、彼はそれを喜んでくれた。だけど行きつけのバーで、付き合いのある中小企業の社長さんが、同じパネライの、もっといいランクの腕時計をしていたわけです。彼は酔っぱらって帰って来た。

朴　もう笑っていいですか。

村山　うん、笑ってほしいの。

その晩すごく酔っぱらって帰って来て、「由佳、もう俺はこれをあそこのバーへはして行かない」って言ったんですよ。「何で？」って訊くと、「これの金ムクのやつを持っている客がいるんだ。そいつと比べられるのが嫌だからもうして行かない」と。

朴　ごめんなさい。何だかしょうもない人ですね。

価値はそれぞれに独自のもの

村山　私がプレゼントしたのも素敵な時計だったはずなんだけど、彼にとっての価値はその晩を境にゼロになってしまった。なぜかと言うと、他人との比較によって自分が揺らいだからです。つまり根底に、誰かよりも優越的な立場にいたいという気持ちがあるからなわけですよね。

どうしてこんなしょうもない話を始めたかというと、それは、私たちがここまで話してきたさまざまな差別の背景にある意識とも共通することだと思うからなんです。つまり、自分に自信がない人ほど持ち物で人と張り合ったり他人を見下したりする、その心理って、誰かを差別する心理と似てないかなって。結局、自信がないから変に理論武装して、話し合いではなく「論破」に快感を見出したりする。マウンティングしたがる人って、いつも人と自分を比べてるんですよ。本当は、価値というのは比較して判断するものではなく、それぞれ独自のものでなければ魅力がないのにね。

でもまあ、この話を聞いた人は誰でも、二度目の旦那のことをバカな男だなと、そして私をバカな女だなと思うだけでしょうね。

朴　そこまでは思わないけど、よくある男のメンツかなと。信じられないのは、愛する人からもらったプレゼントなのに、そんなことを言うのかってこと。
村山　普通はくれた人に言わないですよね。
朴　それが高価なものじゃなくても、もらっただけで幸せじゃないですか。何を言ってるんですかね。頭をコツンとやりたくなります。
はっきり言って、由佳さんは男を見る目がない。
村山　本当にそうなの。それに加えて、付き合い始めるとイヤになっても「別れる」と言えないの、申し訳ない気がして。
朴　そこが由佳さんの、相手を思いやる心優しさなんでしょうけれど。
村山　いい子ちゃんぶりっこしたいだけなんですよね。でも、さっきの件に関しては、別段彼に恨みはないんです。酔っぱらっているときの話ですしね。だからこその本音かと思うと情けなかったけど、「ああ、そう。好きにすれば」ぐらいの感じでした。
朴　時計に、よほどこだわりがある人だったんですか？
村山　いいえ、彼は元々は携帯さえあれば時間は分かるという人だった。私が男の人の腕にでっかい時計が収まっている景色が好きなんです。パネライはイタリア海軍御用達《ごようたし》なんですよ。

朴　男の人がそういう腕時計をするというのは、わりとマッチョな佇《たたず》まいですよね。由佳さんは、そういう男が好きなのかな？

村山　どっちかと言うと、そうですね。いや、どっちかと言わなくてもそうですね（笑）。その二度目の夫とは、彼がまったく働かなかったり、彼の隠していた金銭的な問題が明るみに出たり、夫婦生活が何年もないままだったりして、もうこの人とはダメだなって思ったときに早くお別れするべきだったんですが、いろいろあって長引いてしまって。

朴　何度も訊いて申し訳ないけど、伊藤野枝を書く前に、編集者たちから野枝に似ているんじゃないかと言われたんでしたよね。実際調べて書いて、由佳さん自身の過去を改めて振り返ってみたとき、野枝との相似形をどう感じますか？

村山　野枝は、辻潤との恋愛は仰ぎ見る感じでした。「俺を踏み台にして行け」みたいなことを辻潤は言うわけですけど、前にもお話ししたように、私にもまったく同じことを言った人がいた。それが最初の夫とダメになるきっかけになった人です。

朴　私はそのご本人を知っていますが、ちょっと安いセリフですよね。

村山　ほんとに。でもやはり当時の私にとっては仰ぎ見る先輩だったので、その人からの言葉は全部ご託宣のように聞こえてしまった。辻潤が野枝に言ったその言葉に出会ったとき、インテリな男ってみんな同じこと言うんだって。

朴　そんなことはないよ。私は聞いたことがない（笑）。

村山　そんなことない？　そうかな（笑）。

かと思えば大杉が野枝に言った「君は恋人とか愛人とかいう前に親友じゃないか」という言葉ね。

朴　その言葉も体験したんですよね。さっきと同じ人？

村山　その人じゃない。『ダブル・ファンタジー』という作品の中の岩井という新聞記者のモデルになった人なんですけど、慶南さん、知っているでしょう？

朴　私、由佳さんの男性関係、かなり知っていると思う。

村山　死ぬときは一緒に死のうね（笑）。

そうした野枝と自分との相似形の一つひとつが、結果として私に『風よ あらしよ』を書かせてくれたんだと思うと、人生、何にも無駄にならないな、って。どんなしんどいことだって、経験してこそ書けることがいっぱいありますから。

それはそうと、考えてみると私は慶南さんの男性関係を全然知らないんですよ。慶南さんはとにかくみんな来なさいと言って、全員懐に入れちゃうという話は聞いたことがあるんですけど。

朴　そんな大きな懐はないですよ（笑）。私はバランスを何より大事にするので、昔から一対一という関係はなかったですね。ほどよい距離感があるからか、常にいい関係を保てます。もめたこともないですね。同性も異性も同じ感覚かな。

村山　一対一では付き合わないということは、常に何人かの相手と同時進行しているということですよね？　そのあたりも踏み込んで訊いてみたいです。

朴　私の恋愛関係のことは、さっきお話ししたことが一番重い話で、後はあまりないんですよ。

村山　私にだけ話させて、ずるい。いつか赤裸々に暴いてやる（笑）。

終章　想像力のレッスン

——物語は他者の「痛み」を伝える

排外的な物語を求める人々

朴　毎年、中学3年の女子生徒たちに講演をしている横浜の私立学校があります。関東大震災時、建物が強固で壊れなかったので、創立者の学長が追われて来た朝鮮人たちを保護したそうです。学校の創立からをまとめた学校史にも、そのことが記されています。

そういう史実が先生たちに引き継がれているのか、在日の問題や、過去の歴史を授業で取り上げているんですね。先生から「慰安婦」について授業をしたので、講演でも触れてもらえたらと言われたこともありました。

村山　最近、愛国というのは本当はどういうことなんだろうと思うことが多いんですね。過去を糊塗《こと》して見たくないものから目を背けている間は、それは絶対育たない。過去をしっかり検証して、事実は認めて、謝るべきことはきちんと謝ったうえでないと、本物の愛国心は育たないはずなんだけれども、今、過ちを塗り込め、あったことをなかったことにしようという風潮があります。その方が、むしろ私は自虐的だなと思います。自分の存在と自分の歴史を虐待している。

朴　まさしく自虐ですよね。

村山　今、愛国って言葉がフラットな言葉ではなくなっちゃっているじゃないですか。すごく右寄りになっている。

朴　そういう偏った愛国心を持たないなら非国民、みたいなね。愛国という幻想みたいなものに寄りかからないと自分が保てない、何か欠落感を感じるようなことがあるんでしょうね。日本はいまだにアジアの盟主という意識があり、どこよりも自分たちは上だと思っていたのが、一方で経済的にも存在感としても埋没していく現実があり、それに対して、その落差を埋めようとする精神的な作用が働くのかな。その欠落感から回復するために、韓国でも中国でも、貶《おとし》めたいという心理が起こるのかもしれない。

村山　それと、アジアを見下ろす優越感は、アメリカへの劣等感と裏表ではないでしょうか。

朴　日本には日本のよさ、素晴らしさが本当にあると思うんですよ。文化も自然も人々の気質も。劣等感も優越感も持つことなく、そこに軸足を置いて誇りを持つといいのに。戦後には、平和国家として戦争を放棄すると謳《うた》った憲法9条という、どの国から見ても素晴らしい理想まで持っていることが誇れるでしょう。

村山　今までは自分の方が優越的な立場だったのに、それが経済的にも文化的にもそうでなくなってくると、それを認めたくなくて現実から逃げようとする。何か違うもので自分を着飾ろうとする。それが歪んだ愛国心だったり、排外主義だったりするわけで、そんなことを精神の拠りどころとしてしがみついているように見えます。

朴　そんな精神の拠りどころが形を変えて、ひどいヘイトデモやヘイトスピーチになるんでしょうね。自分より下と思える対象を攻撃し、貶めることで優越感や満足感を得ようとする。

村山　私の場合、書き手ですからどうしても、物語というものの宿命を感じますね。物語こそが人を救う場合もあるんだけれども、というかそれを信じているからこそ私は小説を書くわけですが、恐怖も、やはり物語によって作られると思うんですよ。黒澤明さんの関東大震災のときの証言にあるように、彼が悪戯《いたずら》で書いた井戸の塀の落書きを、まわりの人たちがこれはきっと朝鮮人が毒を入れた符号に違いないと自分たちで物語を作り出してしまう。他者を貶めるための自分に都合のいい物語を作って、だから朝鮮人が悪いんだというふうに理屈をつけてしまう。物語というものが人を救ったり解放したりする方へ働くときと、悪い方へ働くときの、両方があると思うんですね。

朴　物語の怖い一面ですね。

村山　排外的な自分を肯定するための物語を求め、それが妙にカチッとはまっちゃうと、理性を超える形で他人にまで浸透し、まさに排外主義の大きな波を引き起こしていっちゃうんでしょうね。

文学は洞察力を培う

朴　日本が中国大陸での侵攻を深めていく際にも、軍部の作った「物語」がありましたよね。日中戦争のきっかけになった盧溝橋《ろこうきょう》事件でも、日本側は、中国の計画的な反日武力攻撃だと触れ回りました。

村山　ロシアがウクライナに戦争を仕掛けた際にも、またイスラエル・パレスチナ問題においても、さまざまな物語がそれぞれの論理を正当化していった。

朴　そういう権力側や排外的な多数派が作った物語にだまされないように、それをちゃんと見抜く目が欲しいですよね。そのとき、どこに軸足を置いて物事を判断すればいいかと考えると、私にとっては、やはり人の命や尊厳が大事にされているかどうかですね。

村山　そして、受け取る側もできる限り確かな目を持とうと努めることですね。あと、分かりやすい物語は疑え、という感覚も大事だと思うんです。分かりやすい物語に情動を刺激されるというのは、もちろん私もそういうところが大いにあるんですけど、そこを警戒しないといけないと思うんですよ。政府や軍部、権力の側が、民衆を動かそうとするときに用意するのは、みんなが分かりやすい物語だと思うので。

朴　まさに、そうですよね。単純な物語に駆り立てられてはいけない。

村山　普段、分かりやすい物語とは別な物語を紡ごうとしている人間として、警鐘を鳴らしていかなくちゃいけない部分だし、物語を書く作家が、作家にしかできない仕方で政治に対して正しくコミットすることがもっとあっていいはずだと思うんですよね。

朴　震災当時は、朝鮮人は悪いやつだとか、日本人を殺そうとしている危険なやつだっていう分かりやすい物語が作られました。今はまた、在日コリアンは特権を受けてるとか、真実ではないことが流布され、その短絡的な物語を信じた青年が、在日コリアンの集住地区である京都のウトロで放火するといった、恐ろしい事件が起きています。

村山　関東大震災時の朝鮮人虐殺からウトロ放火事件まで、他者を貶める物語は一直線につながっていますね。そのことにも関連するんですが、ここ数年の、国語教育は役に立たないからなくてもいいだろうという世間の風潮に、私は異論があるんです。
朴　教育から人文的な要素が消されようとしている。恐ろしい話です。
村山　大学から文学部は消えつつある。国語の教科書でも小説や随筆の鑑賞はどんどん削られているんです。マニュアルを読むための実戦的な国語力は必要とされるけど、味わうことそのものが目的の文学に関しては、その道に専門的に進むことが前提でない限りは触れることが少なくなっています。
でも、特に若いうちに文学に触れておかないと、想像力とか判断力とか洞察力とか、何を信じて何を疑うべきとか、そういった大切なことを見極める目が磨かれないと思います。ほかにそういうことを磨いてくれる学問ってないじゃないですか。
朴　実利的に今の社会に役立ち、批判することがない人間ばかりを育てようとしているようですよね。そもそも、小中高校と学校現場は先生たちが忙しいこともあるけれど、教育の質がかなり変わってきていますね。

言葉からこぼれるものを大切に

村山　教育の現状は、もはやどこから手をつけていいか分からないくらいですね。

朴　文科省の意を汲んだ校長の言うことばかりを聞いて、子どもたちの可能性や感性を伸ばすような場じゃなくなってきている感じがあります。先生たちも過重労働に疲れているというか、鬱になったり病気になったりしている人が多いとか。先生がそんな状態なら、子どもたちにいい影響を与えないでしょうね。大事な教育の現場が今、おかしくなっているのは間違いないです。

村山　さまざまな要素がからんで、教育という、子どもの未来に関わる場が危機に瀕している。国語教育における物語は、いいなあ、何だかしみじみいいなあって、みんなで味わうだけでもいいと思うんですよ。今すぐ生計を立てるためのノウハウにはつながらなかったとしても、それぞれに大切なものを受け止めて、いつか血肉化されるのではないでしょうか。

朴　どこかで残る。それは何かのときに出てくるんですよ。

村山　本当にそうなんですよ。関東大震災時の鶴見署の大川常吉さんの話にしても、大川さんプラスそのお孫さんの話まで含めて、今、日本で暮らしているみんなに受け止めてほしい物語じゃないですか。別に勉強としてではなくても、じっくりと胸に落とし込む時間があっていい。何もすぐに感想を訊かなくてもいいと思うんですよ。でも今は、発酵を待つための時間と場がないんだな。

朴　共感します。私もよく言うんですよ。学校に講演に行ったとき、この後、先生に感想文を書かされるかもしれないけれど、言葉にできないものがあったら書かなくてもいいし、心の中にちょっとでも残っていたらそれでいい。無理して書いちゃダメだよって。言葉にしなくてもいいものってあるからねって。

村山　学校って必ず、講演会の後に生徒全員に感想を書かせますからね。それ、なしにしてください、と私も言うんです。その場で何か書こうとすると、いいことを書こうとしちゃうし、もっともらしいことを言葉にしたとたんに、もっと大事なものが自分の心からこぼれちゃう。それはもやもやしたまま抱えていてもらって構わないものだからって。

小説書いていてもそうですけど、言葉ってほんとに不完全な道具だし、たった6色の色鉛筆で極彩色の絵を描けと言われているみたいに不自由じゃないですか。網からこぼれるものの方がいつも大きいんですが、それでもしょうがないから一生懸命言葉を使って物語を作っていますけど。

朴　私は小学生にも分かるようにというのがモットーだけど、それは私自身がよく分かるようにという意味でもあり、一つの言葉を選び出して、考え尽くして、そうして自分の中から出てきた言葉を書くようにしている。伝わってほしいっていう思いで。

村山　物事を深く理解するうえでそれはとても大切な過程ですけど、そういう作業を若い人たちにさせるのは酷な面もあるので、いつかちゃんと言葉になるまで発酵させておくのがいいと思うんです。

朴　私は読書感想文が苦手だったので、賛成しますね。既成の解答に近づこうとせずに、一人ひとりの感覚を大事にしてほしいです。

人間は変わることができるという希望

村山　子どもに無理やりの感想文はいらないけど、大人としては負の過去や加害の歴史をどう受け止めるかが重要だと思います。

あえて何度も蒸し返しますが、先ほど歴史を糊塗してはいけない、と言いました。もう一度関東大震災の朝鮮人虐殺のことを振り返ってみたいんですね。人間以下のように扱ってきた植民地の人たちへの恐怖心が噴出し、やられる前にやれ、みたいな感じで虐殺があったわけじゃないですか。戒厳令によって軍隊と警察がそれを正当化し促したところもあるでしょう。ただ、その史実を今、認めることは、ある人たちにとっては非常にしんどいというか、自分の拠って立つ基盤をすべて壊されるみたいなところがあって、その手前で止まってしまう。

朴　そこから汲み取るべき教訓が、今こそ大切なのに。

村山　そうなんですよね。

朴　教訓をしっかり得てこそ、真っ当に開かれた次の歩みができるし、まわりの国からの信頼も勝ち得ることができると思います。

ドイツに行ったとき、日本との違いを感じましたね。戦争やユダヤ人虐殺の資料を展示している博物館などを歩いてきましたが、若い人やカップルや修学旅行生たちまで、みんなが当たり前のように負の歴史に向き合っている印象を受けました。

村山　アメリカを旅したとき、ニューメキシコ州サンタフェにほど近い、ロス・アラモスという町に立ち寄ったんです。そこには第二次世界大戦中、原子爆弾の開発を目的としたあの「マンハッタン計画」のために作られた研究所があって、初代所長は言わずと知れたロバート・オッペンハイマーでした。研究機関としては今も現役で、アメリカ最高の頭脳が集まる場所なんです。そこに、一般の人も入れる資料館があって、原爆に関する資料も展示されていました。広島の平和記念資料館は、被害者の立場から戦争の愚かさを訴える展示をしてますが、アメリカの方は、原爆を製造し投下したことを、結果的により多くの死者が出るのを防いだ、として肯定していました。

朴　アメリカの歴史観からすると、そうなりますよね。

村山　手前の展示室に、修学旅行なのかな、高校生たちがガムを噛みながら、カップル同士は肩を組んでみたいな様子で来たんです。みんな、ボタンを押すとキノコ雲が広がっていくシミュレーションをやっていた。かわるがわるボタンを押しては、キノコ雲がドーン、グワグワって広がっていくのを見て面白がっているわけですよ。

その彼らが、次の展示室に入って、そこに広島のあの資料館にあるような、指先から皮膚が垂れ下がっている人たちや、黒焦げでうずくまっている人たちの絵とか写真とか、残された手紙の翻訳とか、そういったものを見たとき、がらりと変わったんです。さっきまでシミュレーションボタンを押して面白がっていた子たちが、全員口が利けなくなって、もうそこを出るまですすり泣いている女の子もいました。

朴　ああ、生々しい現実に直面させられて。

村山　シミュレーションボタンを押して騒いでしまうのも若い子たちにとったら自然な反応なんでしょうけれど、本当に必要な知識を与えられたときには、素直な感性がそれまでの自分を塗り替えていく。

人間はこうして変わっていくことも可能なんだということを、はたで眺めていて思ったんですね。捨てたもんじゃないと。そういう知識を与えられる場は、資料館だけじゃなくて、物語もそうなんだと改めて思いましたね。

朴　大切なのは語り継いでいくこと、弱者の側の物語を紡ぐこと、事実を知る場を作ることなんでしょうね。

相手の心に響く謝罪

村山　真の謝罪とはどういうものなんですかね。私は、『星々の舟』にも書きましたが、

「許されるのを前提に謝ることを詫《わ》びとは言わない」のではないかと思うんです。にもかかわらず、たとえば戦時中に自分の意思に反して連行された慰安婦の方々に対しても、日本の側から、いつまで謝ってんだよ、という声がやたら大きく聞こえる。

朴　日本政府は、植民地支配や戦争によって被害を受けた多くの被害者たちに、一度もきちんと心から謝罪してないと思いますよ。韓国で、かつて日本軍の慰安婦にされたハルモニ（おばあさん）に会ったとき、こう言われました。日本の首相から、「本当に苦労しましたね」「大変な思いをさせましたね」「申し訳なかった」と、顔を見て心から謝ってほしいだけだと。お金が欲しいとかではなくて。

村山　ある女優さんが、韓国でメディアの取材に「独学で在日の人々に関する歴史を勉強した。日本の教科書で教える歴史が恨めしく、過去のことを謝罪したかった」「自分が日本人だという事実が恥ずかしかった」（2022年11月）と答えたと言ったら、大炎上でした。「国賊」みたいな言われ方で。

朴　何で日本が謝らなきゃいけないのかっていう、国民感情の高まりってすごいですね。そこにはもちろん反省がないんだろうけど、その下には差別意識があるのを感じます。

村山　相手がアメリカだったら、そんな言い方しないんでしょうにね。

朴　私の友人で戸田郁子《いくこ》さんという作家がいるんですが、彼女は韓国に留学し、韓国人の男性と結婚をして、今も韓国で暮らしています。ずっと韓国に心を寄せてきた彼女ですら、日韓で軋轢が起きるたび、いったい、いつまで日本は韓国に謝らなきゃいけないんだろうと思っていたんだそうです。

そしたらあるとき、公園で出会った一人の韓国人のおじいさんが、戸田さんにこんな話をしてくれたんだって。そのおじいさんは戦争中、日本に徴用されて苦労したと言いながら「『ご苦労さんだったね。大変だったね』というねぎらいのひと言がもらえていたら、どれだけ気持ちが慰められたか」って。その言葉に、彼女ははっとしたって言うの。日本人は本当に心から相手の心に響くような謝罪をしてこなかったんじゃないかと。

村山　そのためには、自国がかつて何をしたかを正しく知り、それが相手にどれほど深い傷を残したかを自分の身に置き換えて想像できなければいけない。

朴　謝罪と和解を実現できないというのは、政治的な外交下手ということでもありますよね。なぜこんなにダメなんだろう。安全保障でアメリカに依存しているため、自らの外交をしてこなかったのもその理由でしょうが、もう少し別の角度から見ると、論争下手、本当のディベートに不慣れ、という側面もあるのじゃないかと。

「はい、論破」という不毛な風潮

村山　上手にディベートするというのは、自分の意見をきっちり伝えながらも、一方で相手を尊重してここは譲ろうと努めるっていうようなことだと思うんですが、そういう訓練が、学校教育でも職場でもないじゃないですか。

朴　そうなの。議論を対立だと思っちゃうんですよね、日本人って。その上、事なかれ主義だから、話し合いから何かを生み出そうとする姿勢がない気がします。

村山　少し反対意見を述べたらたちまち寄ってたかって攻撃されるとか、今の風潮も気持ち悪いですね。

朴　出る杭《くい》は打たれるし。長いものには巻かれるし。本当は、子どもの頃からさまざまな意見をやりとりして、相手の意見を聞きながら、自分の意見も言って、その違いと、どこに落としどころがあるか、共有できるものは何かを見極める。それが発展していったら国の外交になるんだけど。

村山　議論は対立じゃない。そこからお互いの思考を刺激し合って、今まで自分には見えていなかった景色を見ることができる。最後まで平行線のまま終わったとしても、知らなかった情報のやりとりはできるわけじゃないですか。結果として知識も思考も深まっていくからいいことずくめなのに、それが、日本人は苦手という気がするんです。

真っ当なディベート能力が欠落したまま、ただお勉強ができましたっていう感じのエリートとか、ただ親が政治家だったたっていうだけで自分も政治家になってしまう。

朴　自民党なんかは2世、3世が本当に多いですものね。

村山　ディベートとも関連しますが、今、一番私の嫌いな言葉が「論破」なんです。

朴　論破？　論争して破るという論破？

村山　そう。流行《はや》り言葉のように、「はい、論破」って言う人がいるんです。元はドラマのキャラクターの決めゼリフだそうですが、実際に口にするのは、ひろゆきさんという方が代表的ですね。

朴　ああ、「2ちゃんねる」を創設した人ですね。

村山　あの方が、沖縄県・辺野古《へのこ》の基地建設反対活動の現場を訪れ、抗議日数3011日と書かれた掲示板とご自身の笑顔の写真付きで、「座り込み抗議が誰も居なかったので、0日にした方がよくない？」とツイートしましたよね。

朴　そんな揶揄《やゆ》をして、何がいいんだろう。

村山　ああいうふうに、とりあえず人をその場でやり込めることでもって自分が勝ったかのようにマウンティングをするという行為からは、何も生まれないじゃないですか。お互いに議論をしてやりとりすること自体を厄介な対立と思って避ける人がいる一方で、議論が始まったと思ったら、相手をやり込めて黙らせることだけが目的になってしまう、今だけ勝てばいいみたいな人たちがいる。

朴　対話の中から、何かいいものを生み出そうっていう発想がないですもんね。

村山　ないんです。困るのは、ひろゆきさんの論破の場面がネットニュースなどに出ることによって、小学生の中で流行り言葉になってしまっているんです。

朴　知りませんでした。それは嫌な風潮ですね。

村山　自分の親に向かって、叱られたときに、ガガガッて反論して、親がちょっと黙ったりすると、「はい、論破」って言うとか、友だち同士でも。

朴　相手の存在を理解しようとする過程がまったくなくて、短絡的ですよね。

村山　一方的にやり込めるだけの物言いが流行る日本の浅さ、幼さって何だろう。メディアの側も、テレビにしても、そういう人をわざわざ番組などに呼ぶんですよね。ネットで配信している分にはその人の勝手ですけれど、普通のニュース番組、バラエティ番組、討論番組でも、わざわざそういう系列の人たちを呼ぶわけです。成田悠輔さんという経済学者さんの「高齢者は老害化する前に集団自決、集団切腹みたいなことをすればいい」という発言もありましたよね。

朴　呆れて相手にする気も起こらないけれど、それが一部にでも共感を呼ぶ時代になりつつあるとしたら、それこそ恐ろしい。

村山　そういう人を、テレビ局側もたぶん、物議を醸すことははじめから分かったうえで、話題にさえなればいいみたいな考えで使っている。

朴　内容を問わずにインパクトを求めているんでしょうね。

村山　そうだと思います。

朴　強い言葉とか、とんでもない考えで視聴者の興味を喚起して、それを面白がってくれるかもしれないという感じだよね。豊かな番組を作ろうとする姿勢とは思えず、情けなくなります。

村山　興味だけ引けばいいというものじゃないと思うんです。音楽でもそうなんですが、今、イントロが長い音楽は売れないそうです。ギターソロが長い音楽も売れない。

朴　それは、私も聞いたことがあります。

村山　なるべくコンパクトに、キャッチーなフレーズから始まって、最初の20～30秒ぐらいを聴いたとき、「いい曲」って思われないとその曲は売れないといいますよね。

朴　長い曲はダメだし、ドラマや映画も早送りして観てしまうとか。ゆったりとした流れが、考えも情緒も育むと思うんですけどね。

村山　そういうものを受け手の側も削《そ》いでいこうとするし、分かりやすい答えに最短距離でたどりつくのが勝ち組みたいな価値観が今、出ている。

作り手としては悲しくてね。小説を書きながら、ここで読点を打つか打つまいか、この漢字は平仮名にひらいた方がきれいかしらとか、このページの最後にこの一行を納めて、次のページの最初にこの一節があったら映えるだろうとか、そういうこだわりは全部おじゃんじゃないですか。

朴　書き手の勝手な思いかもしれないけれど、全体のバランスや読むリズムまで考えながら書いているのに、そこで読者とまったく通じ合えないとすると、つらいものがあります。

村山　速読とかタイパとか言われると、うーんって思ってしまいますね。コストパフォーマンスをコスパと呼ぶように、タイパはタイムパフォーマンスのことだそうですけど、何かすごく貧しい発想に思えます。

朴　小説を読むことも、かけがえのない追体験ですよね。だから、どんな時代でも、どれだけ実感のあることをじっくりと体験するかが大事なんだと思います。実際に自分が体験できる瞬間がとても大事だなって。

村山　そうなんですよね。瞬間的で刺激的な言葉に踊らされることからは何も生まれない。

朴　実感って、その人が深く関わったり、いろいろな感情を抱えて出会ったりしないと持てないと思います。しっかりと体で受け止めないと、感じられないものだと思うんですよ。小説の世界で由佳さんは、そういうことを書いているんだなって感じます。

思いを小説に入れて届ける

村山　先ほども登場した五木寛之さんですが、昨年私の作家生活30周年記念で対談させていただいたときに、その締めみたいな感じで、「村山さんは小説の未来をどういうふうに見ている？」って。そんな難しいことを訊かれてしまって。

朴　核心をつく問いかけですね。由佳さんは、どう答えたんですか。

村山　実感を持って答えられることなんてわずかしかなかったんですが、こんなお話をさせてもらいました。

私のデビューした30年前からすると、今の方が本の売れ行きは落ちています。自作の初版部数だって落ちているし、重版はなかなかかからない。だから暗澹《あんたん》たる気持ちにもなるわけですよ。コロナ禍のときだって、書店さんが軒並み閉まっちゃって、新刊を出したばっかりだったのに、平積みの状態を自分で見られない。読者の人たちも買いに行かない。そういう中でシャワー浴びて目をつぶっていたときに、突然、恐怖に襲われて、泣いた日がありました。このままずっと、書店は開かない、本は売れない、みたいなことがあり得るんじゃないか、そうだったら私はこの先どうやって生活していけばいいんだろうと。本当に怖かった。

でも、そう思う反面、紙の書籍というものには、やはり脈々とつながってきた歴史があります。音楽にしても今、ＣＤとかＭＰ３とかよりも、アーティスト自身がレコードに回帰したりもしている。
朴　やはり針を落として聴くアナログレコードの方がいいっていうね。
村山　聴く手間や時間までも含めて音楽の楽しみだっていう考え方もあるんだから、小説に関してもネガティブな要素はいくらもあるかもしれないけれど、私は希望は捨ててないです。手で触れる本が今ここに自分の心の友としてあるという文化が、消えることはないんじゃないかと信じているからものが書ける、というふうなお話をさせてもらいました。
朴　私としても深く共感しますね。
村山　五木さんも、「いやもう、それは本当にそのとおりだと思うよ」って言ってくださった。テレビができたときにラジオは消えるって言われたり、テレビの最盛期には映画は消えるって言われたりしてきたけど、結局みんな棲《す》み分けができて、どれも消えない。そういうことを考えたら、必要なものはちゃんと残っていくんだよっていうふうにおっしゃっていました。
　だから、小説なら小説にしか、言葉なら言葉にしかできないことを、形にしていきたいんです。自分の思いに強いものがあるなら、それを小説という入れ物に入れて届けるということは、これからも続けていきたいですね。

朴　映像や音楽で伝えるということもできるけれども、由佳さんはやはり小説ですよね。私は書くことが特に好きだったわけでもないし、もともと物書きになろうと思っていたわけでもないけど、この時代に、この地で自分の原点に立脚して、自分の伝えたいものを伝えていきたい。それは、ちょっとカッコよく言ったら使命みたいなものを感じているので、やはり私も書いていきますよ。

被害を受けた側への想像力

村山　慶南さんにしか書けないことって、いっぱいあると思うんですよ。私が書くのとはまたやはり立場が違うから、だからこそ説得力のある言葉も出てくる。

朴　そうだといいんだけれど。伝えるにしても説得力を持たせるためには、自分がそこで考え抜いて、言葉を選び抜いて、どうすれば伝わるかを自分の中で練っていかなきゃいけないなと思っているんです。

そこで、話が飛ぶように思われるかもしれないけれど、私がよく、自分はそのときどうするんだろうかと自分に問うのが、もし私が兵士だったら「戦争中に人を殺せるか」というテーマです。初年兵たちに、肝試しじゃないけど、捕虜を縛って銃剣で突かせていく、というのが実際にあったじゃないですか。

村山　『私は貝になりたい』という映画にも上官の命令で捕虜を刺殺する場面が出てきますよね。

朴　そうでしたね。もし私が兵士で、突けと言われたらどうするんだろうって、自分に問うわけです。それをやらずに私が殺されることになったら、どっちを選ぶんだろう、と。究極の私の課題なんです。

村山　人間として極限状況に置かれるということですよね。

朴　普通は心が壊れてしまいます。だから、戦争から帰っても沈黙したり、DVをやってしまったり、精神に異常をきたしたりしますよね。

村山　同じ人間によくそんなことができるなと思うのは今が平時だからで、その瞬間って、同じ人間だと思わないようにしないとできないんでしょうね。

　イラク戦争のときのことを思い出します。イラクが大量破壊兵器を隠しているということで、アメリカが中心になってイラクを空爆しますよね。民間人もたくさん亡くなった。結局、大量破壊兵器はなかったんですが、その空爆のとき、私がテレビを見ていましたら、塩爺《しおじい》ってあだ名のある、当時、人気のあった政治家が、空爆がうまくいってよかった、と言ったんですよ。記者団に囲まれて。

朴　塩川正十郎《まさじゅうろう》さん。当時の財務相でしたね。

村山　一国の大臣がそんなことをあっけらかんと言えちゃうんだって思いました。ご本人に悪気はなかったんでしょうが、仮に爆弾の下に自分の孫がいると思ったら言えないセリフでしょう?

朴　やはり想像力ですよね。大川常吉さんのお孫さんの挨拶ではないけれど、ひどいことをしたという側から、ひどいことをされた側に想像力を働かせるということがものすごく大事だと思います。かつては政治の世界にもそういう想像力を持った人がいたけれど、2世、3世ばかりで、他者への思いやりを持てない政治家ばかりになってしまった今、それはたぶん文学の一番大切な仕事なんじゃないかな。

村山　集英社の文化事業などで、全国のいろんな高校で作家が講演する機会があるんですよ。そのとき、そのことを言います。何をおいても想像力が大事だ、人間をほかの動物と分けるものは他者への想像力なんだ、と。でも人間は一つの人生しか生きられないから、ほかの人の人生から大事なものを教えてもらうために本を読むんだよという話をします。

それにしても、上に立つ人に想像力がないというのは悲劇ですよね。

そこに人間がいるという実感

朴　大川常吉さんの話をするとき、他者の痛みをどれだけ感じ取れるかが、すごく大事だということを強調します。同時に自分の痛みもしっかり分からないとダメだと思うんです。痛みは自分も他人も同じだと想像できるように。

村山　おっしゃるとおりです。その関連で言うと、今の高校生たちに9・11テロの話をしても、通じないんですよ。彼らは生まれていないんです。私にとっては忘れようとしても一生忘れられないあの映像を、見ていない。

朴　あれからもう20年以上ですよね。

村山　私はそのときたまたまアリゾナにいて、周囲の空気を肌で感じましたし、すべての飛行機が何日も飛ばなかったから帰って来るのが本当に大変で、それだけに帰国後もニュースなどを追っていたんです。けれど、今の若い人にいくら当時の事件のことを話しても、自分のこととして迫ってこない。無理もないんですよね。でも、そんな彼らにある一つの物語を紹介すると変わってきた。

それは、あのときあのビルの、飛行機が突っ込んだところよりも上階のオフィスにいた女の人の話です。旦那さんも同じオフィスで働いていたんだけど、その日はたまたま旦那さんだけお休みで家にいたんですって。彼女は下の階で飛行機が燃えている中、携帯で彼に電話をかけるんだけど、まだ寝ていて、ずっと留守電になっている。その留守電に、ビルが崩れ落ちるまでの間ずっと「アイラブユー、アイラブユー」って言っていたんだという話を生徒たちにして、あなたたちだったら、そういうとき、誰にメッセージを送る？　誰に何を言う？　というふうなことを訊くと、やっと自分の気持ちと照らし合わせて、顔つきががらりと変わるんですよね。ちょうど、ロス・アラモスの原爆資料館で本当のことを知った子たちと同じように。

私が物書きだから言うわけじゃないですけれど、やはり受け手の想像力を刺激するためには、人間の息づかいを感じさせる物語が必要で、ニュースの段階では、まだ難しい。それをもう一歩進めて、何らかの物語に託して聞かせる必要があると思います。

朴　そこに人間がいるという実感だよね。一人の個性を持った人間がいて、はじめて想像力が働き始める。

村山　あなたたちと同じ人間だということを伝え、そこに物語があると、飲み込みやすくなり、想像力が働くようになるんですね。物語ってそのためにあるんだなって思うんです。

朝鮮人の虐殺に関しても、人間は追いつめられると怖いねえなんて言っているだけじゃ、まだ全然想像力が及んでいないと思う。でも、きちんと物語に託すことができれば、必ず伝わる。

朴　韓国の舞踊家で金順子《キムスンジャ》さんという方がいて、関東大震災の慰霊の行事があると、慰霊のための踊りを舞ってくださるんですが、彼女のお母さんが震災の体験者なんだそうです。子どもの頃のことで、鮮明に覚えておられた。朝鮮人は殺されるというので、家の屋根近くの梁《はり》の陰に隠れていた。それで自分は助かったんだけど、下では朝鮮人が連れて来られて、むごい殺され方をされたのを見てしまった。そのあまりのショックで、子どもだったお母さんは、目が見えなくなってしまったというの。犠牲者を金順子さんが踊りで慰霊していくんだけれど、目が見えなくなるというのはどれほどのむごさだったのかなと。

先ほどの、戦争中に人を突き殺せと命じられたらという仮定の話ではないけれど、もしそのとき、私がそういう虐殺現場を見たらどうなったんだろうなって思ったりもしてね。

もし私がその一人だったら

村山　私たちが普段よく知っているのは悪い人が恐ろしいことをする物語で、それなら不思議はないんだけど、普通のよき家庭人がそういうことをしたわけだから、これは地獄としか言いようがない。

朴　自分たちの身を守るという正義の名の下に行なわれたのだから、やりきれないです。

村山　また私の個人的な話になりますけど、私の父が逮捕されたことがあったんです。「新薬スパイ事件」といいまして、当時のある製薬会社が別の製薬会社にスパイを派遣したという事件でしたが、新聞の第一面に幾度も大見出しが躍るような大きな扱いでした。その流れで、日本医師会の事務局に勤めていたうちの父が資料の横流しをしただろうとの容疑がかかったんですね。

結局それは公開されているものを渡しただけだったということが分かり、検察庁の勇み足という結果になったんですが、それでも父は10日間も勾留され、私も差し入れに行きました。そのときに、市井の人々が振りかざす「正義」の正体とは何か、ということをつくづく思わされましたね。ご近所の、いつもお裾分けとかをしているごく身近な方々までが、新聞に出た名前と表札の名前が同じかどうかを、抜き足差し足で見に来るんです。

朴　本当に？　それはつらい体験でしたね。

村山　当時、私は大学1年生だったんですが、ご近所の方がこう首をのばして表札を見て、やっぱりそうだわと言って帰って行くのを見ると、人間観にフィルターがかかっちゃう部分がありました。そして、どこからともなく全国津々浦々の人から、正義漢ぶった電話がかかってくるんです。いつまでも牢屋《ろうや》に入ってろ、みたいなことを言う。当時は電話帳に名前と住所が載っているから分かってしまうんです。

朴　もろに悪意がぶつけられるんだね。それも、正義の名の下で。自分は正しい人間で、悪いことしたやつを戒めるみたいな感じなんでしょうね。

村山　自分が善人だと信じて疑わない人の正義ほど怖いものはないと思い知らされました。

朴　それにしても由佳さんのお父さんは、戦中から戦後へ苦難の道のりを生きたのですね。やはりお父さんのことはじっくり書いてほしいです。

村山　私にとっての大きなテーマだと思っています。

朴　歪んだ正義の発動の究極が戦争だと思いますが、お父さんは、その不条理の只中を生きてこられたような気がします。
私が心がけているのは、自分は正しいと思いこまないこと。いつ間違いを犯すかもしれない、ひどいことをするかもしれない、加害者になるかもしれないと、絶えず自分を見つめ、問い直すことを忘れないようにしたい。自戒ですね。そのため、何かあったときに自分ならどう思い、どうするのかを常に検証するし、身の置き換えをするようにしています。

村山　いわば災害訓練ですけど、自分を弱者や被害者の側じゃなく、暴力をふるう側に置いてみるということですよね。普段からのそうしたシミュレーションは本当に大事です。過去の歴史を自分ごととして実感しないと、今に活かすことができない。

朴　想像力のレッスンですね。関東大震災のとき、荒川の河川敷で、数珠つなぎにされた朝鮮人が軍隊の一斉射撃で殺される光景に、それを見ていた一般市民の間から拍手が起きたという証言があります。もし自分が住民の一人で、その場にいたらどうするのだろうか。みんなと一緒に拍手をするのだろうか。それともやめようよと言うのだろうか。一斉射撃に声を上げて反対することができるのだろうか……。想像力を働かせて、そんなふうに自問自答してみてほしいですね。

おわりに

朴慶南

村山由佳さんとは、以前より機会があれば対談をしてみたいと思っていました。振り返ると、2003年、由佳さんが直木賞を受賞した『星々の舟』を読んだときからでした。『星々の舟』には、ある家族をめぐるさまざまな物語が描かれていますが、最後の章に戦争中、日本軍「慰安婦」にされた朝鮮人女性の話が出てきます。それまでの彼女の作品とはかなりかけ離れた内容にまず驚き、その描写のリアルさに心打たれました。どうしてこの話を書こうと思ったのか、どんな動機があったのか、ずっと気にかかっていました。それをちゃんと、作者ご本人から訊きたいと思っていたのです。

対談が実現したのは、関東大震災から100年目となる2023年でした。関東大震災とも関わる『風よ　あらしよ』を対談の中で取り上げましたが、『星々の舟』については、第4章で語り合うことができました。

村山由佳さんがお父さんの戦争体験を追いながら、戦争中の「慰安婦」の話へとつなげていったその地点に、思いがけず私の存在があったということを由佳さんの言葉からはじめて知り、胸が熱くなりました。私が、朴慶南という在日韓国・朝鮮人であることの存在意義を、改めて実感させられたようでした。

人は、人を通して歴史と向き合うのでしょう。関東大震災のとき、危うく自警団によって殺されそうになった祖父の実体験から、その折に起きた朝鮮人虐殺は、私にとって他人事ではなく、我が身に迫る恐怖として体内に刻み込まれました。

いったいなぜ、そんなにもむごく非道なことが行なわれたのかを明らかにしたい、どんな状況だったのかをたどっていきたい、それらの事実を私なりに伝えていかなければという強い思いが、この対談の場で、村山由佳さんを前に溢《あふ》れ出たかのようでした。それゆえ私の語りが、圧倒的に多くなった次第です。

2023年の9月1日前後は、関東大震災100年という節目に当たるからか、虐殺された朝鮮人と中国人を追悼する式典や集会、学習会、シンポジウムなどが、例年にも増して各地で開かれました。そうした場では、韓国や中国から来日した犠牲者の遺族の悲嘆や怒りがじかに伝わってきて、胸が痛むばかりでした。

100年という歳月が流れても、いまだ日本政府は関与を認めることなく、真相究明も調査も、まして犠牲者に対する謝罪など望むべくもない状態です。この姿勢は、日本軍「慰安婦」にされた被害者たちに対しても同じです。

時を遡《さかのぼ》ってみたとき、関東大震災から2年後の1925年、「治安維持法」が制定され、この後、日本は戦争の道に突き進んでいきました。当時と比べるわけではないのですが、加害の歴史を省みることのない状態のまま、現在、日本は戦争ができる国へと、徐々に軸足を移していっているように思えてなりません。

2023年をひと区切りにするとしたら、これからの100年に向けて、私にとっても新たな歴史の歩みが始まっているのを感じます。憲法学者の樋口《ひぐち》陽一さんが、ある集会でこんな言葉を語られていました。

「歴史に学ぶとは、負の歴史に正面から対面することであり、先人たちの正の営みから希望を引き出すことでもある」

「先人たち」というところで、対談でお名前を挙げた、朝鮮人を身を挺して守った鶴見署の警察署長、大川常吉さんが浮かんできました。その大川さんだけではなく、あの流言飛語が広がり、「朝鮮人は殺せ」という声が四方八方を埋め尽くす中、殺す側ではなく、殺される側に身を置いて朝鮮人を助けてくれた多くの人たちから、希望を引き出すことができるでしょう。

同じく希望を感じるのは、朝鮮人虐殺という負の歴史を語り継いでいくために、当時の証言や資料を地道に集め続けて、それらを記録集としてまとめて出版もしている市井の方たちの存在です。

その中に、横浜の公立中学校で約40年間、社会科の教員をされていた後藤周《あまね》さんという方がいます。現在75歳の後藤さんは教員のときから退職された後も、ずっと関東大震災時における横浜での朝鮮人・中国人の虐殺を地域の大事な歴史として、検証し続けてきました。

後藤さんは特に大川常吉さんについて、数々の資料を通して詳細に検証されています。私は門司亮さんへの取材を中心に、大川さんについて本文中で語っていますが、後藤さんの検証で得た新たな事実から、より深く学ぶことができました。それらは、2023年9月に刊行されたご著書『それは丘の上から始まった　1923年 横浜の朝鮮人・中国人虐殺』（ころから）に詳しくまとめられています。

このご本も、第1章で紹介した、著名人の朝鮮人虐殺証言集も、貴重な記録集の一つです。

毎年9月の第1土曜日に、墨田区八広の荒川河川敷で行なわれる、朝鮮人犠牲者の追悼式に行っていることは前述しましたが、これは証言集を出した「一般社団法人ほうせんか」が主催しています。この市民グループが中心となって、2009年の9月、土手の下の一隅に、「悼」と刻まれた追悼碑が建立されました。その追悼式に参加した後、完成した追悼碑を訪れたのですが、その折、そこに並べられていた木槿《むくげ》の花の小さな苗を持ち帰りました。木槿は韓国の国花です。

ところが帰りの電車で苗の茎が折れてしまい、再生は無理かなと思いながらもセロハンテープで折れた茎を巻いて、庭の片隅に植えました。それを忘れていたある日、テープをつけたまま生長した木から白い木槿の花が咲いていました。うれしい驚きでした。

年月を経て、その木はどんどん大きくなり、枝を伸ばし、夏になると白い木槿の花でいっぱいになります。もとは追悼碑から持ち帰った木槿の苗ということもあり、いっそう再生した生命力に感銘を覚えました。命あるものを尊ぶことを教えられたような気がします。

関東大震災後に命を奪われた朝鮮人や、今、この瞬間にも戦争や悪意のある攻撃によって命を断たれている人たちの、一人ひとりに尊い命があったことを忘れないために、「殺してはならない」「殺されてはならない」という言葉を、これからも伝えていきたいと思います。

私にとってはじめての対談本ですが、長い対談を構成してくださった倉重篤郎さん、進行の遅い私を、温かく励まし続けてくださった新書編集部の東田健さん、どれほど助けられたか分からない校閲の方、おかげさまで本が完成しました。村山由佳さんと、私からの感謝をお伝えします。そして、対談のパートナーである由佳さん、二人の本ができてうれしいです。

最後に、この本を読んでくださった、みなさんお一人おひとりへ、心からありがとうございました。

村山由佳(むらやま ゆか)
一九六四年、東京都生まれ。作家。著書に『風よ あらしよ』『星々の舟』『ダブル・ファンタジー』『天使の卵』『ある愛の寓話』『放蕩記』『記憶の歳時記』『星屑』『はつ恋』『二人キリ』など多数。

朴慶南(パク キョンナム)
一九五〇年、鳥取県生まれ。作家。著書に『クミヨ《ゆめよ》!』『いつか会える』『ポッカリ月が出ましたら』『命さえ忘れなきゃ』『やさしさという強さ』『あなたが希望です』『私たちは幸せになるために生まれてきた』など。

私《わたし》たちの近現代史《きんげんだいし》 女性《じょせい》とマイノリティの100年《ねん》

二〇二四年三月二〇日 第一刷発行
集英社新書一二〇七D

著者……村山由佳《むらやまゆか》／朴慶南《パクキョンナム》
発行者……樋口尚也
発行所……株式会社集英社
東京都千代田区一ッ橋二-五-一〇 郵便番号一〇一-八〇五〇
電話 〇三-三二三〇-六三九一(編集部)
〇三-三二三〇-六〇八〇(読者係)
〇三-三二三〇-六三九三(販売部)書店専用
装幀……原 研哉
印刷所……TOPPAN株式会社
製本所……加藤製本株式会社
定価はカバーに表示してあります。

ISBN 978-4-08-721307-2 C0221

Printed in Japan

a pilot of wisdom